Damien Dufour & Thibaut Mélin

GR®-10
et chemins de traverse

La traversée des Pyrénées de l'Atlantique à la Méditerranée

FFRandonnée
www.ffrandonnee.fr
Glénat

Remerciements

Damien

Je remercie celles et ceux qui ont cru en cette aventure un peu folle. Ainsi qu'en moi. Et ce, malgré les aléas, les doutes et l'aspect hors-normes d'une telle entreprise.
Merci à mes parents, Marie-Hélène et Didier, pour leur soutien sans faille dans cette épopée, à Jérôme (et sa petite famille) pour son indéfectible amitié, à Daniel pour m'avoir permis de retrouver un camp de base après le grand changement, à Guillaume et Stéphanie (et Juliette) pour leur amitié. Merci à toutes celles et ceux dont j'ai croisé la route en chemin, qui ont su me donner tant par leurs mots, leurs sourires et leur simple manière d'être au monde.
Merci également à ceux qui m'ont permis, 12 ans plus tôt, de découvrir au fond de moi ce rêve de traverser les Pyrénées à pied : mon ami François et Martin. J'ai également une pensée émue pour mon fils Eliott, lui qui, du haut de ses 4 ans, a su me donner la force de continuer à avancer quand le doute s'installait, le souffle de l'inspiration quand je venais à en manquer.
Merci également à Vincent Munier et Sylvain Tesson de m'avoir donné par leurs images et leurs mots l'envie de me fondre dans la nature et de conter, du bout des doigts, son indicible beauté.
Surtout, merci à Thibaut d'avoir été un compagnon d'aventures en or tout au long de cette traversée. Par sa bonne humeur quotidienne, son amitié, son abnégation et sa force de caractère.

Thibaut

L'écriture d'un premier livre est une aventure à part entière, dont le voyage semé d'embûches, d'imprévus et de remises en question n'aurait pas été possible sans le soutien de mes proches. Je tiens donc à remercier chaleureusement :

• mes parents, Rogin et Goodie, pour leur amour ainsi que la transmission de valeurs qui font de moi l'homme que je suis aujourd'hui,
• mes filleules, Mia et Margaux, qui, par la pensée, m'ont redonné de la force et du courage quand je pensais ne plus en avoir,
• Marina pour son amour, sa patience et son soutien si précieux dans les moments difficiles,
• toute ma famille et mes amis.

Ainsi que les randonneurs et randonneuses que j'ai croisés lors de la traversée, pour les moments de partage et de bonne humeur.
Gordon, qui ronronne et fait ses griffes sur mon pantalon alors que j'écris ces quelques lignes.
Damien, mon compagnon de sentiers, pour sa combativité, son humour et sa bonne humeur si communicative qui m'ont donné tant d'énergie au quotidien et sans qui cette traversée n'aurait pas eu la même saveur.
Pour finir, tous ceux qui ouvriront ce livre, parcourront son récit et se lanceront à leur tour dans cette épopée incroyable.

Nous tenons à remercier Jean-Paul Rousselet, notre éditeur chez Glénat, pour sa confiance, son sourire en visio et son entrain dans ce long projet autour de la Traversée des Pyrénées via le GR® 10.

Nous remercions également les centaines de bénévoles qui nous ont permis de ne jamais nous égarer sur les sentiers du GR® 10 et ses chemins de traverse, par le balisage mis en place, sans cesse renouvelé, et le soin apporté à l'entretien des sentiers. Sans ces femmes et ces hommes, la traversée des Pyrénées n'existerait sûrement pas.

Nota bene

Ce livre n'a pas vocation à être un guide.
Il est le récit d'une aventure : la traversée des Pyrénées, notamment via le GR® 10.
Thibaut et moi sommes tous deux photographes et vidéastes de métier, avec des obligations personnelles et professionnelles qui sont parfois entrées en conflit direct avec l'organisation de notre aventure dans les Pyrénées : n'ayant pas la possibilité de partir une quarantaine de jours d'affilée, nous avons opté pour un séquençage en plusieurs grandes étapes.
Nous avons donc découpé cette épopée pyrénéenne en six tronçons au fil des saisons, du mois de juin 2022 au mois d'octobre 2022, puis du mois de juillet 2023 au mois d'octobre 2023. Ce qui nous a permis de traverser intégralement la chaîne des Pyrénées d'ouest en est, en grande partie via le GR® 10 et en 34 journées de marche cumulées.
Au-delà de ça, nous avons dû faire parfois des choix et nous dérouter momentanément du GR® 10, pour éviter, par exemple, des événements météorologiques dangereux (orages violents, neige, etc.), adapter notre plan de base à des soucis de santé (intoxication alimentaire, blessures, etc.), ou jongler au mieux entre les nombreuses exigences de cette aventure en termes d'organisation et nos emplois du temps personnels et professionnels respectifs.
Cet ouvrage, s'il en était besoin, montre à quel point la randonnée itinérante n'est pas toujours un long fleuve tranquille. Notamment en montagne.

Avant-propos

Marcher. Ressentir. Transmettre.
Ce triptyque pourrait à lui seul résumer l'essence même de notre aventure : marcher au fil des montagnes et traverser les Pyrénées d'ouest en est, ressentir toutes les émotions qu'une telle aventure offre au marcheur et les transmettre, par l'écriture et la photographie. Afin de conter l'histoire de cette traversée, narrer l'indicible beauté que nous y avons vue de nos propres yeux et, peut-être, donner l'envie à d'autres de marcher dans nos pas. Et vivre à leur tour leur propre épopée pyrénéenne.

Cette approche de la montagne et de l'aventure dans les Pyrénées, nous ne l'inventons pas : elle prend son inspiration à la source du pyrénéisme.
Dans l'ouvrage *Cent ans aux Pyrénées* qu'il publie en 1898, Henri BÉRALDI jette les premières bases du pyrénéisme : il le définit comme une approche intellectuelle et émotionnelle qui marie l'exploit au sensible. Une démarche plus grande que le simple fait de gravir une montagne, qu'il définit en ces termes :
« L'idéal du pyrénéiste est de savoir à la fois ascensionner, écrire, et sentir. S'il écrit sans monter, il ne peut rien. S'il monte sans écrire, il ne laisse rien. Si, montant, il relate sec, il ne laisse rien qu'un document, qui peut être il est vrai de haut intérêt. Si - chose rare - il monte, écrit et sent, si en un mot il est le peintre d'une nature spéciale, le peintre de la montagne, il laisse un vrai livre, admirable. »

Il n'y aurait peut-être pas de Pyrénées sans pyrénéisme. Les montagnes seraient là, certes : mais qui pour les conter le mieux que celles et ceux qui les ont gravies, traversées et foulées ? Ces femmes et ces hommes qui ont peiné sur leurs contreforts de pierre, qui ont pleuré de joie ou de désespoir, qui ont expérimenté dans leur chair et leur esprit la puissance des cimes. Et ce n'est finalement que par les histoires que le plus souvent, on apprend à découvrir ce que l'on ne connaît pas encore. Par le récit de celles et ceux qui nous ont précédés quelque part.

Ce livre s'inscrit donc avec humilité dans la plus pure tradition pyrénéiste.
De celle qui vit pour ressentir, qui ressent pour conter. Et ainsi, transmettre.

Introduction

08 h 12.
Je suis assis sur une plage de galets, les premiers rayons du soleil dardant leurs rayons sur mon visage. Les yeux mi-clos, tournés vers le levant, je regarde les vagues translucides de la Méditerranée s'échouer inlassablement sur les premières grèves des Pyrénées, depuis l'Orient. Au fond de moi, il y a cette émotion qui prend enfin son envol et que j'ai retenue jusqu'ici : la libération. Le crépuscule d'une aventure longue de deux années et l'aube de nouveaux possibles. Des perspectives qui déploient leurs ailes d'or, à l'orée de tout ce qui a été accompli.

Nous sommes partis de la baie de Txingudi et d'Hendaye un an plus tôt. Là où les montagnes épousent le ressac de l'Atlantique et son ballet incessant d'écume et d'embruns. Depuis, nous avons marché au fil de ces crêtes, de ces vallées et de ces cimes qui donnent le pouls des montagnes, dessinent les battements d'un cœur plus vieux que le monde d'aujourd'hui. Une épopée moderne en pleine nature, jusqu'aux confins des Pyrénées et aux effluves dorés de la Méditerranée.

De ces centaines de kilomètres à pied à travers la montagne et ses innombrables merveilles, je ne garde déjà plus que le souvenir bienheureux de la liberté, des rencontres et de l'amitié. Si les stigmates des souffrances, des blessures et du doute demeurent encore, je sais d'ores et déjà que le temps viendra les effacer. Pour ne laisser subsister que l'essence même de la beauté sur laquelle nous avons eu la chance et le privilège de poser nos yeux de mortels. Frôlant de nos silhouettes courbées ces citadelles de l'éternité.

Et si c'est au burin de la pierre millénaire que doit s'écrire sur nos cœurs le récit de cette aventure entre ciel et terre, entre océan et mer, qu'il en soit ainsi. Et que de ce que nous avons vécu au fil des Pyrénées puisse sortir de ce livre toute la lumière que nous n'aurions pu voir, sans les traverser.

Hendaye
Biriatou
Olhette
Sare
Aïnhoa
Cabane
Gaineko
La
Rhune
901 mètres
Gorrospil
702 mètres
Bidarray
Iparla
1044 mètres
Astate
1022 mètres
Urdos
Saint-Étienne-
de-Baïgorry
Oilandoi
939 mètres

CHAPITRE 1

Le Pays basque

De Hendaye à Sainte-Engrâce

/// 197 kilomètres - 9938 mètres D+ / 6456 mètres D-

JOUR 1 26,4 km - 1620 m D+ / 1033 m D-

De l'Atlantique au col des Trois Fontaines

Le jour est déjà levé depuis quelques heures.
Hormis quelques rares promeneurs flânant sur le bord de mer, nous sommes seuls, face à l'océan Atlantique. Face à nous-mêmes et à l'heure de vérité. Seuls aux pieds de l'immensité du défi qui nous attend : rejoindre Banyuls-sur-Mer. Là-bas, de l'autre côté des Pyrénées, sur les bords de la mer Méditerranée.
L'espace d'un instant, je me laisse emporter par le chant des vagues venant inlassablement s'échouer au pied de ces montagnes qui ont bercé mon enfance, elles qui séparent la péninsule ibérique du reste de l'Europe sur près de 430 kilomètres de long. Une suite de cols, de vallées, de villages et de pics que nous nous apprêtons à traverser par des sentiers parfois oubliés, des chemins de terre, de cailloux et de macadam fracassé par le temps.
Il est désormais l'heure pour Thibaut et moi de partir. De quitter ces rivages et de nous mesurer enfin aux promesses maintes fois formulées, ces derniers mois.

/// **À DROITE.** *Au petit matin, la Rhune se découvre au loin, depuis les bords de l'océan Atlantique.*
/// **TRIPLE PHOTO.** *Jusqu'au col des Trois fontaines, le GR® 10 s'élève dans une végétation luxuriante.*

/// **PHOTO.**
Le Pays basque est un paradis de biodiversité.

Une fois les rochers des Deux Jumeaux disparus dans le dédale de ruelles louvoyant dans la ville, la traversée d'Hendaye révèle encore quelques charmes ; mais déjà, l'appel des hauteurs se fait sentir. Je brûle de quitter le bruit des cités pour gagner le silence des estives et des crêtes. Heureusement, le sentier délaisse peu à peu les derniers lotissements pour s'enfoncer dans la broussaille, les lignes goudronnées s'évaporent pour des sentes de terre et un certain soulagement déride nos visages : nous voilà au pied de notre propre aventure.

Le GR® 10 s'échappe sur un fil ténu, tendu entre la France et l'Espagne : de nombreuses bornes frontières à l'abandon nous le confirmeront, tout au long des prochains jours. La marche se fait plus lente et le souffle, plus court. C'est dans les méandres de cet effort que j'aime laisser mes pensées prendre leurs propres chemins, explorer leurs propres mondes ; j'ai toujours eu l'impression de m'élever hors de mes propres carcans à mesure que la montagne m'emmenait vers ses sommets. C'est là une des magies que j'ai depuis longtemps attribuées à la marche et aux altitudes de pierre. Les massifs verdoyants de fougères et le silence nous entourent, maintenant que nous progressons dans les monts basques sur lesquels paissent paisiblement quelques pottoks et vaches betizu. Je me retourne un instant dans la pente et distingue la silhouette de Thibaut qui se détache de la ligne d'horizon, dans le bleu d'une côte basque dentelée par des siècles de marées et de tempêtes. Le spectacle est saisissant, alors que le tintamarre assourdissant du col d'Ibardin et de ses hordes de touristes déversées sur

/// **PHOTO.**
Rien de tel qu'une petite flambée pour célébrer notre première étape sur le GR® 10.

le goudron des parkings commence à se faire entendre, au loin. Le GR® 10 reprend pourtant rapidement ses droits : au terme d'une montée courte mais abrupte, il nous dépose dans un paradis végétal, où perce une silhouette élancée, connue de tous ici comme la montagne des Basques : la Rhune. Elle dresse à l'horizon son triangle de pierre pointé vers le ciel et nous guidera jusqu'au col des Trois Fontaines. Un lieu intemporel posé dans un écrin de hêtres, de chênes et de frênes où nous dresserons notre premier camp.

Alors que la brume monte depuis les bas flancs de la montagne et s'accroche peu à peu au faîte des arbres, nous nous retrouvons plongés dans une atmosphère enchanteresse : le soleil couchant a disparu, le temps semble s'être arrêté dans sa course effrénée et les mille bruits de la Nature nous parviennent comme tamisés par un filtre invisible à nos yeux. Le feu de camp crépite paisiblement et à mesure que ses flammes réchauffent nos corps fatigués par ce premier jour sur le GR® 10, nous prenons la mesure de ce que nous venons de vivre. Et de tout ce qui nous attend, jusqu'à la Méditerranée. Les visages sont détendus, la conversation va bon train, dans une ambiance confinant à la magie. Avant de sombrer dans un sommeil que j'espère réparateur, moi qui lutte souvent les premiers jours d'une aventure pour trouver ma place dans l'immensité des nuits sauvages, j'écoute une dernière fois la mélopée indistincte des cloches tintant au loin, de ces vaches, pottoks et moutons qui ont fait de ce col leurs quartiers d'été.

Le feu

Par-delà le temps et les civilisations, le feu a toujours fasciné l'homme. Sa découverte représente à elle seule le plus grand tournant historique du genre humain. Une étincelle qui embrassera très vite le champ des possibles pour les millénaires à venir.
Inaltérable et intemporel, et ce malgré plusieurs millénaires d'exploitation, l'instant d'une flambée on retombe sous son charme. Le feu a toujours gardé une place spirituelle dans le cœur des hommes. Quasiment immatériel, il est craint, mais respecté à la fois, tel un grand sage gardant son âme d'enfant. Témoin des frasques de ce monde, il inspire et propage son réconfort.
Le feu de bivouac est souvent sujet à controverse, tantôt interdit, parfois toléré, il est nécessaire de prendre les précautions qui s'imposent afin de n'en conserver que ses bienfaits. Damien et moi prenons toujours le temps d'analyser le terrain, le niveau de sècheresse et l'environnement qui entoure le campement avant d'en envisager son déploiement.
Alors le soir, quand la brume se met à envelopper les cimes de son manteau blanc, quand la fatigue s'installe et que mes jambes semblent déjà m'avoir abandonné quelques kilomètres plus bas, dans un soupir de soulagement, je dépose enfin mon sac et m'accorde un peu de répit. Quelques pierres encerclées, quelques brindilles ici et là, une bouse de vache séchée par le soleil et quelques morceaux de bois mort glanés dans une forêt avoisinant le campement, ou parfois remontés du contrebas, suffisent à faire opérer la magie...
L'heure dorée est à présent derrière nous et laisse progressivement sa place à l'obscurité. Alors je me hâte et étage minutieusement les couches de combustibles au sein de l'âtre afin d'optimiser leur départ amorcé par quelques étincelles. Tel un soleil dans la nuit, une douce lueur éclaire et réchauffe progressivement nos visages ébahis et marqués par la fierté.
La chaleur des flammes, qui caresse notre peau et soulage les muscles encore endoloris par la journée passée, apaise l'âme. Ainsi, cette symbiose entre feu et esprit attise les pensées ardentes. Alors nos cuisses et nos épaules, par la communion des sens, relâchent les tensions accumulées et se préparent en silence à une nuit bien méritée.
Déjà rarement à court de conversation, Damien et moi échangeons plus que de mesure, le temps semblant s'étirer et ne plus avoir d'emprise sur nous. Nous sommes tour à tour bercés par le crépitement qui résonne dans l'immensité qui nous entoure et hypnotisés par les lucioles dorées qui tourbillonnent au-dessus de nos têtes. Les conversations fusent et débordent d'authenticité. Une parenthèse formée de géants de pierre et de braises rougies par la brise qui désinhibe les songes et délie les langues. À ce moment précis, je prends conscience du privilège, du luxe d'être ici à partager cet instant ou plus largement cette expérience, en compagnie d'un ami et, quand il en reste un peu dans la flasque, une petite gorgée d'un bon whisky.
On sent encore flotter dans les flammes les chants de nos ancêtres qui ont foulé ces terres escarpées bien avant nous. On fait le point en se remémorant les périodes passées et celles à venir, celles qui ont laissé et laisseront une trace indélébile gravée profondément dans mon âme et plus modestement dans ce monde. On pense également à ceux qu'on aime, ceux avec qui, malgré leur absence physique, demeurent dans nos pensées.

JOUR 2 24,5 km - 732 m D+ / 888 m D-

Du col des Trois Fontaines à Gaineko borda

Le matin se lève sur un relief enserré par la brume, parant le col d'une multitude de tissages éphémères nimbés de rosée. Le campement replié et la voie du petit train de la Rhune derrière nous, nous dévalons la descente vers Sare, qui nous permet de découvrir peu à peu le village sous un plafond nuageux semblant l'écraser de sa voûte monochrome.

Nous faisons une brève halte au bourg, le temps de rencontrer Jean et Christine, cousins éloignés de la famille de Thibaut. Accueillis comme des princes à la table de rois, nous échangeons avec entrain et écoutons avidement Jean nous parler de son Pays basque. De cet amour viscéral et inconditionnel qui perce de ses mots, dès qu'il embrasse du regard les promesses que la vallée semble laisser dans le sillage de ses lignes se perdant à l'horizon. Il nous conte ce bout de France et d'Espagne aux sept provinces,

/// **PHOTO.**
La brume enveloppe le paysage dès notre réveil au col des Trois Fontaines.

/// **PHOTOS.**
L'aventure se poursuit au travers des forêts enchanteresses du Pays basque, le long de la Nivelle.

comme le ferait un marin épris de sa terre natale, naviguant sur des flots à l'autre bout du monde. Thibaut et moi buvons ses paroles et je regrette presque de devoir repartir si vite vers Aïnhoa et la suite de notre périple, tant cette parenthèse auprès de Jean et Christine m'a paru intemporelle, au beau milieu de notre aventure naissante.

Le GR® 10 serpente dans les ruelles de la charmante Sare et file ensuite via une ancienne voie romaine préservée en direction d'Aïnhoa. La traversée de la vallée se fait la plupart du temps dans des sous-bois ombragés aux mille senteurs, bienvenus lors des grands épisodes caniculaires qui font désormais nos étés. À la hauteur du pont du Diable, le chemin rejoint le cours de la Nivelle : la mélopée des clapotis du ruisseau ajoute aux charmes de la marche. Nous en sommes quittes pour un bain, qui emporte dans les méandres du ruisselet la lassitude des kilomètres déjà parcourus. Alors que je laisse l'eau laver les traces de mes fatigues accumulées, je nous trouve soudain bien chanceux d'être ici, entourés de nature et baignés d'eau limpide, cachés aux yeux du monde et de ses exigences quotidiennes.

Nous arrivons à Aïnhoa une heure plus tard et y retrouvons Gilles, à la terrasse d'un café : nous l'avions rencontré la veille, dans les lacets menant au

/// **TRIPLE PHOTO.**
Vautour fauve survolant les monts basques / Stèles discoïdales de la chapelle de l'Aubépine de Sare.

rocher des Perdrix, sur les hauteurs d'Hendaye. La mine réjouie, le visage sans cesse illuminé d'un grand sourire, il nous invite à sa table, partager une pause bien méritée. L'occasion de discuter à bâtons rompus du GR® 10 et de la vie. Gilles a, en effet, déjà parcouru le sentier dans son intégralité jusqu'à Banyuls-sur-Mer : le récit enthousiaste et passionné qu'il nous en fait nous donne envie d'en découdre à nouveau et de nous lancer à l'assaut du chemin de croix menant des portes du village à la chapelle de l'Aubépine. Sous un soleil de plomb, frêles esquifs de chair perdus sur une mer verdoyante traversée par un chemin blanc aux lacets sans fin, nous nous hissons péniblement jusqu'à la chapelle et son cimetière d'altitude, aux stèles discoïdales typiques du Pays basque. La vue est à couper le souffle. La silhouette de la Rhune s'impose dans le panorama, alors que la côte basque lance ses courbes dans le bleu de l'horizon. Et que la vallée que nous venons de traverser s'étale à nos pieds.
Il est grand temps de repartir : notre lieu de bivouac nous attend et une heure de marche nous sépare encore de ce petit coin de paradis où nous avons décidé de planter nos tentes : la cabane Gaineko et ses panoramas doux et crépusculaires, offerts sur une Espagne à portée de regard.

“La cabane Gaineko et ses panoramas doux et crépusculaires, offerts sur une Espagne à portée de regard.”

JOUR 3 15,8 km - 548 m D+ / 843 m D-

De Gaineko borda
à Bidarray

Les premières lueurs du jour embrasent un ciel sans nuage, alors que les toiles de nos tentes ruissellent des arabesques de l'aurore : mon corps est encore endormi et certains muscles, douloureux. Le temps de quelques étirements et d'un petit-déjeuner frugal, nous paquetons nos affaires, faisant place nette sur notre lieu de bivouac, et levons le camp tôt : des orages sont annoncés pour la fin de l'après-midi.

Le GR® 10 s'échappe dans la montagne, entre sentiers de terre et de cailloux, entre ombre et lumière, jusqu'à atteindre le pied des crêtes de Gorrospil. Il est encore tôt mais, déjà, le soleil écrase de ses rayons les courbes que nous venons tout juste de fouler. Marcher sur ces crêtes me laisse toujours le goût d'une expérience unique et surprenante : celle d'avoir le sentiment d'être ici chez moi, au beau milieu des montagnes basques. Pouvant embrasser d'un seul regard l'Iparla, l'Artzamendi, le Mondarrain, la Rhune et le pic d'Orhy en quelques instants. Partout où portent mes yeux, il n'y a que beauté et douceur, que l'on retrouve parfois dans la silhouette réconfortante des nombreux pottoks, qui ponctuent de leur présence paisible ces paysages de carte postale.

/// **PHOTO.**
Thibaut marchant sur le fil tendu des apaisantes crêtes du Gorrospil jusqu'au col des Veaux.

Au col des Veaux, une autre journée commence, pourtant. Et avec elle, l'ascension vers le col de Mehatse : raide et intense, elle serpente sur les flancs du pic Iguzki, se faufilant dans un chaos de travées de terre et de buissons d'ajoncs dressant leurs épines acérées, avant de rejoindre le col par le macadam : haletants, nous marchons chacun dans nos pensées, chacun dans notre effort. Le col nous offre pourtant un moment de répit, au pied de ses cromlechs, témoins silencieux de traditions aujourd'hui oubliées et d'une histoire vieille de plusieurs millénaires et qu'il nous reviendra de saisir pleinement dans quelques jours, à Okabe.

Alors que nous profitons du plateau aux courbes apaisantes qu'offre le col d'Artzatey, je porte mon regard au loin, vers ce que je ne peux encore voir. Je sais qu'elle nous attend, là-bas, cachée dans l'abîme minéral des Penas Itsusi : la vertigineuse descente vers le Bastan et le village de Bidarray. Elle cueille les marcheurs sur les hauteurs du col d'Espalza : brusquement, le GR® 10 bifurque à droite et s'enfonce dans le ravin en une trace indistincte qui échappe peu à peu au regard, dans l'abrupt de la pente. Et même si je connais par cœur les secrets de ce moment de bravoure que demande la

/// **DOUBLE PHOTO.** *Les balises du GR® 10 ouvrent le chemin vers les pics, les vallées et les villages du Pays basque.* /// **À DROITE.** *Thibaut avance prudemment dans l'abrupte descente vers le Bastan et Bidarray.*

montagne basque, le sentiment reste à chaque fois le même : le respect. L'humilité face à ces parois de pierre qui dressent leurs arêtes autour du sentier depuis si longtemps. Et qui, malgré tout, semblent poser leur regard bienveillant sur les silhouettes insignifiantes qui se faufilent lentement à leurs pieds.

Là où nous discutions gaiement avec Thibaut quelques instants auparavant, nous sommes désormais isolés chacun dans une bulle de vigilance et de concentration : les pas se font plus petits, plus précis, les yeux rivés sur la sente étroite bordée par le vide. Les mains sont serrées sur les poignées des bâtons ou sur les lignes de vie, qui permettent de passer sans encombre les secteurs les plus aériens de cette descente, qui peut rapidement prendre des allures d'enfer minéral en pleine canicule ou sous la pluie.

Après un court passage à la grotte du Saint qui sue, nous retrouvons Gilles au pied de la descente et rejoignons le macadam : il nous emmène sur les berges du Bastan, que nous suivons dans de douces senteurs de sous-bois jusqu'au village de Bidarray. Non sans avoir auparavant profité de l'une des nombreuses plages de galets qu'offre le torrent pour un bain vivifiant, dans ces eaux jaillissant du centre de la Terre. Je me dis alors que les bonheurs simples sont sûrement les plus authentiques. Et que réapprendre à s'immiscer humblement dans les bras de la Nature permet de reprendre contact avec celle qui sommeille en nous, cachée dans les courbes et détours de nos quotidiens.

JOUR 4 18,7 km - 1066 m D+ / 973 m D-

De Bidarray à Irouléguy

Le jour qui se lève sur Bidarray nous accueille dans une chaleur moite qui colle à la peau, à mesure que le soleil darde ses rayons sur les sommets alentour, laissant la vallée s'éveiller dans une quiétude ombragée. Nichée aux pieds des massifs de l'Iparla et du Baïgura, la belle Bidarray s'efface au fil de nos pas, à mesure que nous quittons la civilisation pour nous réfugier dans les replis d'une nature sauvage et indomptée : celle qui fait toute la beauté et la puissance des crêtes d'Iparla.

Le GR® 10 s'élève peu à peu dans la pente : le sentier devient plus technique et troque ses sous-bois pour de vastes massifs de fougères, qui maintiennent une humidité presque tropicale à hauteur d'homme. Face au caractère soudainement brutal de la montée, nous courbons sans jamais rompre sous le poids des sacs et de l'effort consenti. Jusqu'aux abords du col de Larrateko et de ses bordas aux pierres écroulées par le passage du temps et des années. Là où, enfin, les crêtes d'Iparla offrent les prémices d'un spectacle tant attendu : des murailles de pierre taillées par des géants,

/// **À DROITE.** *Verticales, les falaises d'Iparla offrent au regard une muraille vertigineuse.*
/// **DOUBLE PAGE SUIVANTE.** *Les crêtes d'Iparla s'étendent vers l'horizon d'une aventure qui ne fait que commencer.* /// **CI-DESSOUS.** *Au loin, une silhouette se détache de la crête du Larrate.*

comme autant de remparts dressés entre l'homme moderne et le monde sauvage. Des monuments ancestraux qui nous mettent au pied de notre propre finitude. Les paysages sont saisissants, majestueux. Le seul bruit qui se faufile jusqu'à nous est celui que murmurent les vautours en fendant le ciel de leurs ailes élégantes. Moi, l'enfant du pays qui ai déjà foulé maintes fois ces sentes, les mots me manquent toujours au moment de poser mes yeux sur les mille visages des crêtes d'Iparla.

"Le seul bruit qui se faufile jusqu'à nous est celui que murmurent les vautours en fendant le ciel."

Le pic éponyme est un lieu de passage où nous croisons nombre de randonneurs et trailers venus défier les 1 044 mètres d'altitude du sommet pour la journée ; en quittant ce pinacle de pierre pour suivre les traces du GR® 10, nous nous retrouvons rapidement seuls, à marcher vers le Toutoulia, dans le calme et le silence. Précisément celui que je suis venu chercher dans cette aventure : le silence des cimes et des sommets. Celui qui donne à l'esprit tout l'espace indispensable à son envol.

Le retour à la réalité est pourtant brutal : à mesure que nous marchons sur le fil de la crête et approchons du col d'Harrieta, les nuages se font de plus en plus menaçants. L'air se fait lourd. L'électricité est presque palpable. Le ciel se teinte d'un gris anthracite qui nous pousse à remettre en question notre itinéraire : il serait malavisé de nous laisser surprendre par un orage sur ces crêtes où rien ne protège de la violence des éléments. Nous décidons donc de nous dérouter sur Urdoz et Irouléguy : nous reviendrons fouler de nos pieds ces crêtes au plus vite.

/// **À DROITE.** *Du Pagalepoa au pic éponyme, le massif de l'Iparla est un monde sauvage et brut.*
/// **CI-DESSOUS.** *Un bouc, seul sur les flancs du pic de Toutoulia, bravant l'orage à venir.*

JOUR 5 32,7 km - 1841 m D+ / 1888 m D-

De Urdoz à Saint-Jean-Pied-de-Port

C'est une étape marathon qui se profile avec le soleil levant : plus de trente kilomètres et 1 900 mètres de dénivelé entre le village d'Urdoz et Saint-Jean-Pied-de-Port, carrefour historique et culturel de la Basse Navarre. Un lieu de passage où se mêlent sur les pavés de la rue de la Citadelle les traces du GR® 10 et celles du Chemin de Compostelle.

/// **À GAUCHE.** *Le sentier de la descente du col de Buztanzelhay zébrant les massifs de fougères.*
/// **CI-DESSOUS.** *Les vallons verdoyants du col d'Urdanzia, à quelques encablures du sommet du Munhoa.*

/// **DOUBLE PHOTO.**
Tout au long de la journée, les balises et panneaux du GR® 10 ponctueront notre étape.

Nous montons par le col de Sarastegiko et son chemin zébrant la montagne vers le pic d'Astate, où nous comptons retrouver les lignes escarpées du GR® 10. Le soleil brille de mille feux et la chaleur est déjà bien présente, dans la brise légère qui nous accompagne jusqu'au col. Du haut du pic de Buztanzelai, la vue qu'il offre de son escarpement est splendide, par la symphonie minérale qu'elle offre au regard : le pic d'Orhy, le pic du Midi d'Ossau, le Munhoa, Okabe, la forêt de pierres dressées de l'Autza, la chapelle de l'Oilandoi, l'Artzamendi, etc. Les Pyrénées se dévoilent, offrant la beauté de leurs silhouettes dentelées au bleu du ciel. Une vision qui efface presque instantanément les marques que la fatigue imprime déjà sur nos corps.

Dans un chaos d'herbes hautes fouettées par le vent et de pierres couchées au sol, le sentier nous porte jusqu'à l'impressionnante descente vers le col Buztanzelhaiko, carrefour où plusieurs traces se croisent et se décroisent, où notre chemin quitte celui des crêtes pour plonger vers la vallée et

/// **PHOTO.**
En tirant sa révérence, le soleil illumine les flancs et les éperons du Munhoa de teintes cuivrées.

Saint-Étienne-de-Baïgorry : nous y ferons une brève halte, afin de profiter des charmes du centre bourg, de son fronton attenant à la place centrale et de son pont romain enjambant la Nive des Aldudes.
Le GR® 10 serpente ensuite sur les flancs de l'Oilandoi et nous suivons le fil qu'il tire ainsi jusqu'au col d'Ahartzako, là où se dévoile une vue panoramique sur la splendide vallée des Aldudes et sa ceinture de monts séparant la France de l'Espagne. Au col de Leizartzko, je me laisse enfin happer par le décor et oublie un peu les cahots du sentier et la lassitude de nos pas répétés, pour prendre le large et perdre mes pensées sur les lignes de ces montagnes aux contours arrondis par le temps. Là où nous foulons les traces laissées par tant d'autres avant nous, je puise cette sensation diffuse d'être à la fois pleinement présent à ce monde minéral et ailleurs, dans le même instant. Comme errant de mon plein gré dans un paysage parallèle, bercé par le roulis de mon propre corps en mouvement et les étendues qui nous entourent.

JOUR 6 31,4 km - 1902 m D+ / 1058 m D-

De Saint-Jean-Pied-de-Port à Iraty-Cize

La rue de la cité résonne de nos pas au petit matin, comme elle le fait depuis des siècles au bruit de ceux des pèlerins de Compostelle, alors que nous prenons la direction du village de Caro et du massif de l'Handagamiendi, qui jette ses ombres et lumières sur le bourg d'Estérençuby. Parvenu après quelques heures de marche dans la rue principale du hameau, je m'étonne une nouvelle fois de ce fronton bâti en 1944, alors que la guerre faisait rage, plus au nord : peut-être ces vallées basques enclavées dans la montagne souffraient-elles moins du bruit et des vicissitudes de cette époque sombre. Ou que ce mur à gauche dévoyé à la pelote basque fut érigé en signe de résistance et d'espoir en des jours meilleurs. Du village, les lignes du GR® 10 gagnent peu à peu en hauteur et les paysages se font à nouveau plus sauvages. Les masures et autres bordas deviennent rares et souvent cachées au sein d'une mer verdoyante. La

/// **PHOTO.**
Marchant à travers les hautes herbes, Thibaut s'élance vers Okabe. Avec en toile de fond, l'Iraukotuturru.

face abrupte de l'Errozate nous fait face et sa sombre silhouette dressée à contre-jour semble nous écraser de sa grandeur. Jusqu'au moment où il disparaît peu à peu, à mesure que le chemin s'enfonce vers les bordes d'Intzarazki, un endroit paisible où file un mince cours d'eau sous un couvert d'arbres, havre de paix les jours de canicule et prélude à la montée vers le col d'Irau. Elle qui sans vergogne, s'apprête à épuiser nos corps et nos sourires.

Au terme de cette ascension à souffle court nous atteignons un plateau ceinturé de monts et de reliefs aux pentes douces, descendant jusqu'à un berceau d'herbes s'agitant par milliers au gré de la brise. Tel un paysage d'Écosse qui se serait échoué ici, poussé par les vents et les flots d'une tempête en haute mer, avec pour seuls phares les deux aiguilles vertigineuses de l'Iraukotuturru. En un instant, je sens mes pensées s'évader le long de

/// **PHOTO.**
Les pierres millénaires des cromlechs d'Okabe, témoins silencieux de coutumes aujourd'hui oubliées.

ces lignes fuyant vers l'horizon, dessinant un détroit entre deux terres. Une sorte de passage entre deux mondes, figé sous le burin et le marteau d'un sculpteur depuis longtemps disparu derrière le rideau de la scène. Une scène majestueuse dont les coursives nous emmènent lentement vers le plateau d'Okabe, où nous attend l'un des hauts lieux de cette traversée du Pays basque : les cromlechs d'Okabe.

Le lieu vibre d'une énergie rare. L'émotion d'histoires de vie et de traditions aujourd'hui envolées est palpable, cachée au creux de ces pierres dressées en cercle vers le ciel depuis des millénaires. Les yeux fermés, il suffirait presque de laisser ses doigts courir sur la pierre pour sentir la terre palpiter d'autres vibrations, d'autres époques, d'autres rites et manières de regarder le monde. Reste ici, pour qui sait prêter l'oreille, le chant de celles et ceux qui peut-être, en d'autres temps, ont pleuré ici leurs morts et célébré leur renaissance quelque part sous la voûte céleste, en offrant leurs cendres aux vents et aux croyances d'un monde plus grand.

"Je sens mes pensées s'évader le long de ces lignes fuyant vers l'horizon, dessinant un détroit entre deux terres."

Un peu plus loin, le GR® 10 quitte les hauteurs d'Okabe en saluant de ses cambrures la souveraine silhouette du pic d'Orhy et ses 2017 mètres de haut, plongeant dans les premières orées de la forêt d'Iraty. Nous emmenant à travers les senteurs boisées et les jeux de lumière des feuilles agitées par la bise d'altitude vers un autre plateau. Celui d'Iraty-Cize et de son torrent aux clapotis apaisants, où nous dresserons le camp pour la nuit.

Perchés dans l'écrin que forment les montagnes basques, témoins silencieux d'une époque révolue où le temps virevoltait telle l'âme ancestrale de la Terre, vibrant d'une énergie minérale qui touche les cieux, les cromlechs se dressent fièrement.
Datés entre 2 000 et 10 000 avant J.-C. pour certains, les cromlechs se comptent par centaines et sont loin d'être tous référencés et encore moins indiqués. Il est très facile de passer à côté sans même s'en rendre compte. Beaucoup sont certainement encore enfouis sous terre et y demeureront probablement à jamais.
Témoins d'une activité pastorale très ancienne, ces cercles de pierres mystiques, sanctuaires du temps et fenêtres vers le passé, étaient érigés pour honorer les anciens. Chaque pierre y était patiemment et minutieusement placée à la main, respectant scrupuleusement des règles établies depuis des siècles. Des rites d'incinération y étaient pratiqués lors des solstices et des équinoxes, des moments où le voile entre les mondes était plus mince et plus propice au passage des défunts vers l'au-delà. Quelque part entre l'âge du bronze et l'âge du fer, les cromlechs vécurent leurs heures dorées. Une connexion sacrée entre l'homme et la nature était palpable en ces lieux. Comme une offrande aux esprits, chaque roc posé était offert à la Terre et contribuait à maintenir l'équilibre entre divin et vivant.

Lors d'une de nos randonnées d'entraînement entre le GR 11 et le GR 12, Damien, qui connaît le Pays basque comme sa poche, nous avait concocté une trace qui, hormis sa difficulté, nous promettait une belle récompense sur le chemin : un cromlech.
Au cœur des Aldudes, à environ 1 200 mètres d'altitude au pied de l'Ahdi, il m'avait invité à m'éloigner du GR®, large de quelques dizaines de centimètres seulement. Un épais voile blanc tapissait le sol et nos regards perçaient la brume pour tâcher d'en distinguer les secrets qui y étaient dissimulés. Le soleil prenait de l'altitude et réchauffait progressivement l'air ambiant en nous offrant plus de visibilité sur la végétation luxuriante qui nous entourait. Une première série de pierres dressées et tournoyantes se dévoila sous nos yeux. Bercé par le ruissellement de l'eau à travers la roche, je me sentis à cet instant privilégié. À quelques semaines du grand départ, j'y voyais là un signe, un droit de passage, un tampon spirituel sur le passeport de l'aventure qui me donnerait la force nécessaire pour arpenter les 900 kilomètres qui nous séparaient de la mer Méditerranée.

Nous tournons à présent le dos au pic d'Irau et poursuivons notre ascension sur le GR® 10. Le sentier est borné par de superbes pierres gravées aux couleurs locales qui nous mèneront progressivement sur le mythique plateau d'Okabé : l'occasion rêvée pour faire une pause et se recueillir un instant devant cette étendue de terre herbeuse balayée par le vent et les esprits. Mis au jour en 1914 par René Gombault, ce site archéologique ne compte pas moins de 26 cromlechs à lui seul. On comprend vite pourquoi ce lieu fut choisi par nos ancêtres, tant il constitue une place privilégiée au cœur des montagnes et offre une vue panoramique à couper le souffle. Damien pose son sac, s'assoit et contemple paisiblement l'horizon. Quant à moi, je déambule entre les pierres et laisse divaguer mon imagination qui tente de reconstituer les pièces d'un puzzle antique qui viendrait se superposer à mon regard. Les vibrations qui émanent de ce lieu alimentent peu à peu ma perception des choses et je me sens soudainement envahi par un profond sentiment de respect. Je réalise à cet instant que les millénaires d'érosion et de tempêtes, en dépit de tous leurs efforts, ne souffleront jamais l'énergie que dégagent ces vestiges.

Les cromlechs en terre basque

JOUR 7 24,1 km - 964 m D+ / 1583 m D-

D'Iraty-Cize à Logibar

Bercé tout au long de la nuit par le chant mélodieux du ruisseau qui file au bas de notre campement, j'avise Thibaut à son réveil que la journée risque d'être belle : les premiers rayons du soleil s'élèvent depuis les cimes et passent sur le plateau où nous avons trouvé refuge. Cette nouvelle étape nous emmène à la découverte et la traversée de la forêt d'Iraty, l'une des plus grandes hêtraies d'Europe.

La montée sous des milliers de hêtres centenaires vers le col Heguichouria se fait par un GR® 10 sinueux, torturé par les nombreuses racines qui parcourent sa trace et louvoient sous les pas.

La pause du midi expédiée au col d'Organbidexka, avec quelques produits du terroir passés manu militari par le fil des Opinel, nous reprenons notre marche en avant, tels deux escargots accablés par la chaleur et leurs coquilles harassantes posées sur leurs dos courbés. Comme espéré,

/// **À GAUCHE.** *Dominant les hêtraies d'Iraty, la silhouette acérée du pic d'Orhy s'élève dans l'horizon.*
/// **CI-DESSOUS.** *Thibaut file vers le col Ugatxe, dans les pentes du pic des Escaliers.*

/// **DOUBLE PHOTO.**
Sous une chaleur écrasante, la crête de Mendikotzeaga nous offre des panoramas bleutés, immenses.

la vue depuis les pentes du pic des Escaliers est splendide : de ce panorama tous azimuts sur le Pays basque et les Pyrénées, le sentier suit la ligne septentrionale du pic en filant à l'est, vers la crête de Mendikotzeaga. L'atmosphère y est étouffante, l'air absent, la canicule, omniprésente. Les animaux sont cachés au regard, derrière n'importe quel talus ou buisson. Les taons volent bas, en nuée. Et les fougères qui ont envahi le sentier nous fouettent comme des pénitents, irritant nos épidermes martyrisés au fil des kilomètres. Nous sommes plongés dans une fournaise et notre seul salut réside dans notre volonté inébranlable d'avancer, quoi qu'il en coûte, vers le terme de cette journée : Logibar.

L'effort est d'une rare violence, sur ce fil de terre se faufilant au gré des crêtes à perte de vue : le pouls s'accélère, les regards sont rivés sur cet horizon qui semble fuir à chaque pas. L'eau est rare, les sources étant asséchées par les épisodes caniculaires à répétition : nous mesurons ici toute l'ampleur du réchauffement climatique sur la nature basque, pourtant réputée pour sa luxuriance. Nos gourdes et réserves vides, nous serons heureusement ravitaillés par une âme des plus charitables, sûrement envoyée sur notre chemin par la providence des innocents aux mains pleines.

Nous atteindrons finalement le terme de cette crête sans fin à Harlephoa, dont la descente encaissée et brutale nous déposera exténués, mais soulagés d'en finir, au gîte de Logibar. Là, les bulles légèrement houblonnées d'une boisson locale et le goût typique du jambon du Pays basque nous emmèneront prestement vers nos couches d'un soir, harassés de notre journée mais rassérénés de notre force de caractère et de notre solidarité dans ce baptême du feu.

01

02

03

*/// **01.** Vautour fauve sur un éperon rocheux. /// **02.** Brebis dans la massif du Munhoa. /// **03.** Chèvre tenant le vent sur les pentes du Munhoa. /// **04.** Salamandre prenant son bain sans les remous du ruisseau d'Urdoz. /// **05.** Chevaux sauvages se reposant sur le plateau d'Okabe avec en toile de fond le pic d'Orhy.*

04

05

JOUR 8 23,4 km - 1 265 m D+ / 1 190 m D-

De Logibar à Sainte-Engrâce

Dernière journée de marche dans la montagne basque : demain, le GR® 10 nous emmènera au pied du pic d'Anie, dans le Béarn et les prémices des Pyrénées centrales. Mais aujourd'hui, place aux paysages de la Soule, troisième et dernière province du Pays basque nord que nous traversons depuis notre départ d'Hendaye. Louvoyant dans les méandres karstiques d'un canyon qui nous entoure de sa fraîcheur matinale, le sentier s'élève peu à peu vers la passerelle d'Holzarté. Malgré l'heure matinale, le lieu est déjà fréquenté et ruisselle de promeneurs et vacanciers venus se mesurer aux 70 mètres de long de l'édifice,

/// **PHOTO.**
Au pied du Sarimendi et de ses lignes de colosse, la silhouette de Thibaut se fond dans le paysage.

survolant un vide de plus de 180 mètres de haut. Si son passage demeure impressionnant, j'ose pour autant à peine imaginer la cohue qui investira les lieux dans quelques heures... Il est vrai que la vue plongeante sur le canyon est magistrale. Pourtant, ce sont bel et bien les hauteurs qui nous hèlent une fois la passerelle franchie et qui nous emmènent à travers bois et ruisseaux jusqu'au pont d'Olhadübi. Un renfoncement rocheux au travers duquel coule un torrent, où se croisent l'espace d'une pause ombragée randonneurs et adeptes du canyoning. Se dévoilant ensuite au grand jour, sous un soleil déjà brûlant, le GR® 10 nous emmène de cayolars en bordas, sur un trait invisible qu'il tend entre les crêtes et le flanc des montagnes. Au détour d'un lacet, nous sommes attirés par les bruits d'une joviale assemblée : une quarantaine de personnes festoient gaiement dans une bergerie. Nous sommes invités à partager un verre et quelques sourires : déclinant poliment l'apéritif anisé qui coule à flots, nous faisons le plein d'eau fraîche, à l'abri des regards bienveillants et des grands éclats de rire qui fusent depuis le porche de l'édifice.

Même si la chaleur devient peu à peu écrasante, nous poursuivons notre marche en avant dans la solitude des pentes du Sarimendi et de l'Izeito, nous faufilant aux pieds de pics majestueux qui, de l'autre côté de la vallée, nous surplombent de leurs arêtes saillantes : le Chardekagnagna, le Belhay et le Binbaleta nous observent silencieusement, du haut de leurs pointes de pierre qui tutoient poliment les 2000 mètres d'altitude. De nombreux cayolars, ces cabanes de bergers en pierre, bordent le chemin et lui donnent des allures de bout du monde, seulement ponctué de taches blanches au loin : des troupeaux de brebis en estive, qui peuplent une nature que l'homme semble avoir depuis longtemps abandonnée pour le confort des villes.
Dans la descente vers le village de Sainte-Engrâce et le terme de notre périple à travers le Pays basque, nous rencontrons Chloé et Louis, un couple franco-suisse avec qui nous passerons notre soirée sur les hauteurs des magnifiques gorges de Kakuetta. Des moments d'échange, de partage et d'amitié où les sourires, les conversations sur la vie et son sens se marieront volontiers. Le temps pour nous de fabriquer des souvenirs que seule une aventure peut offrir à celles et ceux qui osent se lancer à sa rencontre, pour la vivre pleinement.

/// **À GAUCHE.** *Au petit matin, la passerelle d'Holzarte et ses randonneurs sortent peu à peu de l'ombre.*
/// **CI-DESSOUS.** *Damien à la recherche du bon angle. / Nos sacs à l'arrêt de bus de Sainte-Engrâce.*

La Pierre-Saint-Martin
Sainte-Engrâce
Lescun
Etsaut
Pic d'Anie
2504 mètres
Les Eaux Bonnes
Gourette
Pic de Cézy
2209 mètres
Gabas
Pic de Mousquès
2222 mètres
Grand Barbat
2813 mètres
Pic du Midi d'Ossau
2807 mètres
Pic d'Ayous
2288 mètres

CHAPITRE 2

Les Pyrénées centrales

De Sainte-Engrâce à Fos

/// 267 km - 15 323 m D+ / 15 003 m D-

JOUR 9 16,6 km - 1 378 m D+ / 196 m D-

De Sainte-Engrâce
à la Pierre Saint-Martin

En jetant un œil des plus distraits à la carte, l'étape du jour doit nous emmener sans trop d'efforts vers les panoramas grandioses de la Pierre Saint-Martin, posés sur les reflets minéraux du pic d'Anie et de ses 2 504 mètres d'altitude.

Pourtant, dès les premiers lacets délaissant l'échancrure naturelle dessinée par le ravin d'Arpidia dans la falaise, la fatigue accumulée par les récentes journées de marche et la chaleur suffocante de moiteur prennent le pas: nous avançons péniblement dans la forêt surplombant la vallée de Sainte-Engrâce, jusqu'à atteindre la cabane d'Escuret de Bas. La ruine, dont les murs écroulés témoignent silencieusement des traditions du pastoralisme, marque les prémices d'une ascension exigeante, sous un soleil de plomb. Nous prenons régulièrement des pauses, à la recherche

/// **PHOTO.**
Changement de décor, quand nous apercevons au loin les roches grises de la Pierre Saint-Martin.

d'un second souffle qui ne viendra finalement que sur les contreforts de la Soum de Lèche et du col de la Pierre Saint-Martin : nous y découvrirons enfin le ravissement de ces paysages totalement différents de ceux du Pays basque, qui marient avec élégance et raffinement le gris électrique de la roche karstique et le vert profond et rassurant des archipels de résineux, perdus dans une mer minérale à perte de vue. Un espace presque infini dont le pic d'Anie semble être le gardien sacré, intouchable sur son trône de pierre.
Nous terminerons la course du jour en compagnie de Fabien, également marcheur au long cours sur le GR® 10, avec qui nous partagerons la joie d'un repas savoureux, dans la richesse sans cesse renouvelée de l'instant partagé.

JOUR 10 18,2 km - 538 m D+ / 1 327 m D-

De la Pierre Saint-Martin à Lescun

Ambiance blanche, lumière diffuse : les premiers rayons du soleil éclairent au petit matin un environnement presque lunaire. Seul le bleu du ciel semble apporter une teinte colorée à cet univers monochrome et minéral duquel s'élève la puissante pointe du pic d'Anie. Dans les veines traversant ce dédale de pierres et de conifères, des silhouettes se meuvent lentement au fil des lignes grisées du GR® 10 qui traversent le panorama, le long de pentes de cailloux et de terre parfois douces, souvent abruptes. Là où, quelques mois plus tôt, dévalaient à skis les amateurs de poudreuse et de neige fraîche : station de ski ultra-fréquentée l'hiver, havre de paix l'été, la Pierre Saint-Martin nous offre le décor de

/// **À DROITE.** *Damien parcourant les derniers mètres de dénivelé qui nous emmènent au pas d'Azun.*
/// **CI-DESSOUS.** *Les ambiances karstiques de la Pierre Saint-Martin et du pasde l'Osque.*

ses infrastructures métalliques, immobiles et silencieuses. Comme une cicatrice béante laissée par l'homme dans une nature souveraine.
Peu à peu, ces vestiges de fer et d'acier se font plus rares et finissent par disparaître, nous laissant seuls, naviguant à vue dans cet océan de roches calcaires, dans un silence à peine troublé par le murmure de la brise sifflant entre les cimes des arbres. Contournant le pic de Soum Couy par son versant nord, les passages des pas de l'Osque et d'Azuns nous offrent des paysages inoubliables : à l'ombre de ces géants de pierre, je me sens veillé par des regards bienveillants et des sourires invisibles, que je crois discerner l'espace d'un instant dans les courbes argentées de ces pinacles infranchissables.
Le GR® 10 file ensuite vers la vallée d'Aspe, offrant au regard pour la première fois depuis Hendaye la silhouette du pic du Midi d'Ossau. Les splendides Orgues de Camplong nous accompagnent jusqu'au somptueux cirque de Lescun, qui nous accueillera dans un concert d'éclairs et de tonnerre en fin de journée, délestant l'atmosphère de sa moiteur estivale. Déversant sur le village l'odeur familière et rassurante du pétrichor.

/// **À GAUCHE.** *Thibaut se lance vers les Orgues de Camplong, Lescun et la vallée d'Aspe.*
/// **DOUBLE PAGE SUIVANTE.** *Les paysages immenses du pic d'Anie et des Pyrénées béarnaises.*
/// **CI-DESSOUS.** *Damien contemplant la vue à couper le souffle que nous offre le pas d'Azun.*

JOUR 11 26,7 km - 1998 m D+ / 1302 m D-

De Lescun
à la cabane de la Baigt Saint Cours

Les orages de la nuit ont laissé dans leur sillage une fraîcheur bienvenue, qui contraste avec l'ambiance caniculaire des derniers jours. L'air est comme lavé, purifié.

Nous sommes parmi les premiers forçats à quitter le gîte d'étape de Lescun, où nous avons dormi à l'abri des éléments déchaînés. Au sortir du village, le GR® 10 s'offre quelques errances verdoyantes avant de monter vers le col de Barrancq, qui nous plonge dans la vallée de Borce et d'Etsaut. Le tableau qu'offre le col aux marcheurs est des plus bucoliques : on pourrait croire avoir franchi un passage secret et marcher dans un paysage de contes de fées, d'où surgiraient les courbes élégantes du pic du Midi d'Ossau. Des parterres de fleurs enlacent le chemin de leurs corolles aériennes, contrastant avec la lourdeur de nos pas de mules humaines chargées de leur barda.

/// **PHOTO.**
Damien, sous un soleil de plomb, gravit le long couloir calcaire que forme le chemin de la Mâture.

Nous arrivons à Borce pour midi, sous une chaleur déjà harassante. L'air y est de plomb et nous trouvons refuge sous le porche de l'église du village pour la pause : des touristes étrangers venus visiter l'édifice religieux trouveront à son entrée deux individus mal rasés, crasseux, éreintés de leurs efforts répétés sur le GR® 10. Mais avec, dans le regard, une pétillante étincelle de vie.

La halte terminée, les poches à eau et flasques remplies à la fontaine du village, nous partons en direction de l'un des grands moments du GR® 10 : le chemin de la Mâture.

Creusé dans la roche au XVIIIe siècle par les hommes de l'ingénieur Leroy afin d'exploiter la forêt du Pacq et ses nombreuses essences d'arbres pour les besoins croissants de la marine française, le sentier impressionne par la gouttière qu'il trace dans la falaise, offrant aux randonneurs un regard plongeant sur les gorges de l'Enfer. Et d'enfer, il est question : outre le dénivelé brutal et l'incandescence de la roche blanche frappée par le soleil, la chaleur sur le chemin est accablante. Nos corps sont soumis à une épreuve titanesque pour hisser les 17 kilos de nos sacs de randonnée jusqu'à la cabane de la Baigt Saint Cours, à quelques kilomètres de là. Les réserves d'eau sont épuisées, les bouches s'assèchent et je sens mon cœur qui s'affole et cherche à sortir de ma poitrine : il fait plus de quarante degrés et cet abîme minéral chauffé à blanc efface d'un revers de la main les longs mois de préparation, faisant de nous des pantins marchant péniblement dans la fournaise. Heureusement, ce calvaire prendra fin dans la mélopée cristalline des remous du ruisseau de la Baigt Saint Cours, filant sous le pont des Trungas. Tels des enfants, nous profiterons de la fraîcheur providentielle comme une récompense offerte par la montagne, au sortir de ce moment d'abnégation et de résilience qui marquera notre aventure pyrénéenne au fer rouge. Notre soirée se déroulera d'ailleurs un peu plus haut le long du torrent, à hauteur de la cabane éponyme : nous y planterons nos tentes dans le creux du vallon, à l'abri du regard de marbre de la Soum de Moundaut et de la Lune. Pour une nuitée paisible, apaisés d'entendre le clapotis limpide et clair de l'eau sur les rochers, dans l'obscurité de la nuit.

/// **TRIPLE PHOTO.**
Le Grand Billare au petit matin / Notre périple se poursuit entre sous-bois et petits villages.

Le chemin de la Mâture

Enclavé dans la vallée d'Aspe, le petit village d'Etsaut a vu sa tranquillité ébranlée quand, en 1660, le Roi-Soleil décida d'entreprendre un chantier titanesque qui marqua les esprits ainsi que le paysage local qui, aujourd'hui encore, porte les stigmates de ces temps passés.
Afin de mener à bien la construction de sa flotte, la France, ne pouvant plus s'approvisionner en bois dans les pays voisins avec lesquels elle était en conflit et désaccord, dut puiser dans ses propres ressources. Après un long travail de prospection visant à trouver la forêt qui abriterait les différentes essences d'arbres nécessaires à la construction des bateaux, le choix de l'ingénieur Leroy se porta sur la forêt du Pacq qui semblait rassembler tous ces critères.
Très rapidement, ils conclurent que la tâche serait ardue : une abrupte falaise leur barrait littéralement la route, rendant impossible l'acheminement du bois vers la vallée.
Qu'à cela ne tienne, ils allaient grignoter et aménager la falaise sur plus de 900 mètres. Deux équipes furent placées de part et d'autre du chemin à tracer à grand renfort d'explosifs, de sueur et de sang. Sans aucune visibilité, le nez collé à la paroi, parfois encordés ou en équilibre sur d'immenses échafaudages, les artificiers et autres mineurs étaient guidés par des ingénieurs situés sur l'autre versant afin de garder la trajectoire et le bon degré d'inclinaison.
La cicatrice était béante, quatre mètres de haut et autant de profondeur étant requis pour permettre le grand ballet des mâts qui s'apprêtaient à y défiler. Tirés par deux bœufs à l'avant et une quinzaine à l'arrière pour freiner la marchandise, les mâtures, ensemble de troncs longs d'environ quinze mètres, peinaient à prendre les virages, tels des funambules, qui, au moindre faux pas, pouvaient sombrer dans les gorges de l'Enfer.
Aujourd'hui, le chemin de la Mâture est l'unique trace indélébile qui témoigne de cette parenthèse historique. Le GR® 10 emprunte cette vire taillée dans la roche et polie par le bois, les sabots des brebis et les chaussures des randonneurs. Tandis que je marche sous un soleil à son zénith, reflété tel un miroir, par la pierre brûlante qui se dérobe sous mes pieds, j'ai une pensée toute particulière pour le courage démesuré qu'ont eu ces ouvriers dans l'accomplissement d'un tel chantier.
Marcher sur ce chemin, c'est suivre les traces des générations passées, c'est côtoyer le courage des bûcherons, bergers et montagnards. Les mâtures ont disparu, mais un fil d'Ariane entre sommets et vallée témoigne encore de la mémoire de ces montagnes qui murmurent de leurs échos l'histoire de ceux et celles qui la foulèrent et la fouleront.

JOUR 12 21,5 km - 967 m D+ / 1579 m D-

De la cabane de la Baigt Saint Cours au pont du Goua

Alors qu'au beau milieu de la nuit la pleine lune baignait de sa lumière blafarde le val où nous dormions, le jour qui se lève colore peu à peu les reliefs qui nous entourent, donnant à ce début de journée une ambiance d'une infinie douceur. Les affres de la veille oubliés, le cœur léger, nous marchons d'un pas décidé et plein d'un allant retrouvé vers le col d'Ayous, culminant à plus de 2100 mètres d'altitude. Un balcon de pierre offrant une vue époustouflante sur les lacs éponymes et le majestueux pic du Midi d'Ossau, au pied duquel ces étendues d'eau impassibles s'allongent, dans leurs reflets bleutés.
Passer ce col, c'est aussi en quelque sorte renouer avec ses semblables, après de longues journées de marche en solitaire, eux qui sont venus en masse découvrir la magie naturelle des lacs Gentau, Bersau, Roumassot et du Miey. Au calme de la veille succède aujourd'hui le brouhaha diffus des hordes de randonneurs explorant bruyamment la montagne, fouillant ses recoins sans vergogne. Pourtant, la longue chenille bariolée qui serpente dans ce panorama grandiose n'affecte en rien sa splendeur. Et les reflets irisés du pic, dans ces lacs étalés à ses pieds, donnent à la scène tout l'éclat d'une œuvre d'art.

/// **À GAUCHE.** *Les laquets bleus de la montée vers le col d'Ayous depuis la Baigt de Saint-Cours.*
/// **CI-DESSOUS.** *Au loin, le refuge d'Ayous, gardien du splendide lac Gentau auquel il fait face.*

Nous filons droit sur le GR® 10, à travers les remous de la petite marée humaine montant au refuge d'Ayous et nous perdons progressivement l'altitude gagnée depuis la veille et notre départ de l'église de Borce. Sur les bords du lac de Bious-Artigues, nous nous restaurons brièvement à la table d'une guinguette locale avant de reprendre la farandole des marques du GR® 10 jusqu'au village de Gabas, martelant de nos pas le macadam brûlant. Le sentier enjambe ensuite le gave de Brousset et s'enfonce dans les bois: la pente du chemin s'y apaise et nous déambulons paisiblement au gré d'une végétation omniprésente, qui fait de cette forêt un esquif apaisant posé sur une mer de terre et de pierre.
Nous faisons halte le soir venu au pont du Goua, dominé par la corniche des Alhas. Le camp dressé, nous nous délectons des plaisirs d'un bain dans les remous des eaux glacées du torrent, pointant nos regards vers l'objectif du lendemain qui nous toise de sa superbe: le pic de Cézy. Le bonheur se dissimule parfois dans les choses simples: nous éprouvons cette vérité au quotidien, dans les délices et les vicissitudes de cette traversée des Pyrénées.

/// **À DROITE.** *La montée vers le col d'Ayous et le pic du Midi d'Ossau, maître incontesté en ces lieux.*
/// **TRIPLE PHOTO.** *Les atmosphères bucoliques et enivrantes des lacs d'Ayous au pont du Goua.*

Le pic du Midi d'Ossau

À 1 873 mètres d'altitude, le pas d'Azuns nous dévoile un panorama infini et vertigineux. La vallée qui nous fait face est baignée d'une lumière changeante qui évolue au rythme des cumulus et du vent. Le temps d'une pause bien méritée, je laisse mon regard balayer l'horizon et profiter de cet instant.
Sur ma gauche, se dressent les Orgues de Camplong, une imposante muraille calcaire qui s'étire telle une flèche qui nous indiquerait le chemin. Hormis l'inéluctable descente qui mettra assurément nos articulations à rude épreuve, mes yeux, telle une paire de jumelles, se posent aux confins de l'horizon et perçoivent, pour la première fois de cette aventure, le pic du Midi d'Ossau. Bien que familière à mon regard, cette emblématique montagne béarnaise impressionne toujours par sa forme si particulière. Elle sera, pour les deux jours à venir, notre étoile polaire sur le GR® 10.
C'est justement cette forme atypique qui est à l'origine du petit sobriquet que les locaux emploient affectueusement pour désigner ce sommet : Jean-Pierre. C'est entre mythe et légendes, avec peut-être un soupçon de vérité, que réside l'origine de son surnom.
Bien qu'il en existe plusieurs variantes romancées et déformées au fil des décennies, chacune d'entre elles converge vers le même noyau narratif.
« Dans les hauts pâturages de Peyreget, vivaient deux jeunes bergers. Jean, dit le Petit, et Pierre, le Colosse, étaient frères jumeaux. En plus de veiller sur leur troupeau de brebis, ils avaient pour mission d'empêcher, ou tout au moins de signaler, les troupes barbares venues du sud pour envahir leur belle vallée d'Ossau. Une nuit

en bordure du lac de Pombie, les deux frères entendirent un puissant grondement venant des profondeurs de la Terre. De ce vacarme une sorcière et un bouc noir apparurent et s'attaquèrent aux deux bergers. Pendant plus de trois jours, une lutte sans relâche s'ensuivit pour repousser la magicienne et son animal maléfique jusque dans son monde souterrain. Malheureusement, tout ceci n'était qu'un stratagème pour permettre le passage des barbares dans la vallée, ces derniers ayant passé un pacte avec le diable pour invoquer la sorcière et distraire les deux frères, alors seul rempart à leur invasion. Fort d'un courage sans égal, les bergers vinrent à bout de la femme, prirent possession de ses armes magiques et éradiquèrent les barbares jusqu'au dernier. Le diable, fou de rage à l'idée que deux êtres de chair et de sang dénués de magie aient réussi à déjouer son plan machiavélique, pétrifia Jean et Pierre au sommet du pic du Midi d'Ossau, façonnant ainsi sa forme définitive. »

Cela fait deux jours que nous marchons et poursuivons notre ascension qui mène tout droit au col d'Ayous. De cette crête qui culmine à 2 188 mètres d'altitude, le pic du Midi transperce le décor qui s'offre à nos yeux, là où quelques dizaines de kilomètres auparavant, il se faisait encore discret. Il y règne tel un seigneur entouré de ses disciples : les lacs d'Ayous. J'ai déjà arpenté tous les sentiers qui l'entourent à de multiples reprises, mais c'est toujours avec beaucoup d'émotion et de plaisir que je redécouvre ce site incroyable.

Nous sommes en pleine saison estivale et les promeneurs et randonneurs sont venus en nombre. Je tâche d'en faire abstraction et me concentre sur ce qui fait la magie et la quintessence de ces lieux. Je suis de nouveau hypnotisé par le reflet du géant sur le lac Gentau, qui au fil des heures gagnera en intensité jusqu'à atteindre un rouge incandescent. Les crocus tapissent le sol et tranchent de leur profond magenta sur les prairies verdoyantes. Nombreux sont ceux qui font cette randonnée à la journée et marquent une halte au refuge d'Ayous avant de faire demi-tour. Mais ne pas poursuivre la boucle vers les splendides lacs Bersau et Castérau est à mon sens bien dommage. Les gouffres plus au moins imposants qui bordent le sentier offrent un superbe terrain de jeu aux amateurs de spéléologie. Peut-être y trouveront-ils le tombeau de la mythique sorcière... Damien et moi continuons notre descente et longeons le lac Roumasot, petit havre de paix pour quelques pêcheurs venus y passer la journée. Avant eux, nombreux étaient ceux qui venaient s'adonner à cette pratique, comme en témoigne la longue roche tapie au bord de l'eau, marquée d'une gravure centenaire attestant d'un lâcher de truites effectué en 1860 par des bergers de l'Ossau, soucieux d'entretenir l'écosystème de leurs lacs.

Nous tournons progressivement le dos aux lacs d'Ayous et je ne peux m'empêcher de regarder par-dessus mon épaule pour saluer une dernière fois le maître des lieux. Je garde l'espoir qu'un jour peut-être, je surmonterai mes peurs et gravirai ce pic si cher   mon cœur pour venir y sceller une amitié éternelle.

JOUR 13 16,7 km - 1104 m D+ / 1314 m D-

Du pont du Goua aux Eaux-Bonnes

Les effluves forestiers du pont du Goua dans notre sillage matinal, nous montons lentement le long de la falaise de la Tume, dans les méandres d'un sous-bois verdoyant. Le sentier y est étroit et s'élève peu à peu par de courts lacets, éraflant les flancs abrupts de la montagne jusqu'à longer une succession de grottes antiques, creusées dans la roche. Alors que nous évoluions jusqu'ici à l'ombre bienfaisante des arbres, nous parvenons au faîte de la forêt et découvrons sur le versant opposé celle d'Herrana, baignée d'un soleil qui cherche à se jouer des nuages noirs qui, lentement, obscurcissent l'horizon ; il est encore tôt mais l'ombre des orages annoncés pour l'après-midi plane déjà dans le ciel.
Aux cabanes de Cézy, nous décidons de suivre la variante du GR® 10 qui file vers la station thermale des Eaux-Bonnes par le col de Lurdé, les pics de Brèque et du Gourzy.

/// **À DROITE.** *Ambiances surréalistes du GR® 10 aux cabanes de Cézy et au col de Lurdé.*
/// **TRIPLE PHOTO.** *Nous quittons la fraîcheur du Soussouéou pour traverser une étendue de splendeurs.*

/// **CI-DESSUS.** *Talonnés par l'orage, nous entamons au col du Gourzy la descente vers les Eaux-Bonnes.*
/// **À GAUCHE.** *Damien face à l'immensité du paysage dominé par le Montcouges.*

Les paysages y sont fabuleux : serpentant au pied du Montcouges, le sentier offre par ses belvédères de pierre des visions dantesques sur le seigneur des lieux et ses impassibles valets. Marchant pourtant côte à côte, plus un mot ne s'échappe de nos lèvres désormais scellées, tant l'immersion dans cette beauté pyrénéenne, au goût d'éternité, est saisissante. Impactante. Rarement je me suis senti aussi infime devant tant de grandeur, tout en éprouvant au plus profond de mon âme une vibrante gratitude, de pouvoir fouler de mes pieds les ourlets majestueux de ces grandes dames de pierre. Le temps lui-même semble s'être retiré du plateau à pas feutrés, nous laissant jusque-là dans une parenthèse temporelle d'où il est pénible de s'extraire : j'ai l'impression de renaître au monde connu, après un voyage dans une autre dimension.

Nous reprenons le cours de notre aventure en suivant le sentier jusqu'à la cabane Laga de Haut : perdue dans un marasme de fougères et de broussailles, elle nous guide de sa présence vers la longue descente qui nous emmènera jusqu'aux architectures surannées des résidences thermales des Eaux-Bonnes. Témoins désormais silencieux d'une époque bruyante, où les grands de ce monde venaient se délecter des bienfaits des eaux de la montagne.

Malheureusement, à l'opposé de cette magie ressentie intensément au pied du Montcouges, Thibaut et moi contracterons le soir-même une intoxication alimentaire sévère qui propulsera Thibaut aux urgences la nuit venue. Un aléa malheureux, qui nous laissera exsangues pour plusieurs jours.

JOUR 14 35,9 km - 1856 m D+ / 1425 m D-

Des Eaux-Bonnes au lac d'Estaing

Il pleut sur les Pyrénées. Les intempéries, qui nous avaient jusque-là épargnées, jettent aujourd'hui leur dévolu sur les sinueuses courbes qui doivent nous permettre de rallier le lac d'Estaing. Après les averses du départ, c'est un véritable déluge qui nous cueille à Gourette. Une pluie incessante et glaçante, qui nous fouette, dans les bourrasques d'un vent que rien ne semble pouvoir empêcher de rugir. Une brume opaque étreint les sommets et fait disparaître sous son voile pesant les paysages autour de nous. Préférant éviter de prendre des risques inutiles alors que l'orage menace, Thibaut et moi décidons de suivre la route jusqu'à une jonction avec le GR® 10, nous faisant passer dans notre pénitence pédestre par le col d'Aubisque, haut sommet pyrénéen pour les passionnés de la Grande Boucle. Nous marchons côte à côte mais seuls dans nos pensées, isolés l'un de l'autre par le roulement incessant de la pluie et des rafales battant nos capuches et vêtements imperméables. L'eau glacée finira d'ailleurs par s'infiltrer dans les plis de nos habits et fera de nous deux ombres marchant péniblement dans le brouillard, perdus dans la tempête, transis de froid et grelottants.

/// **À DROITE.** *Couleurs monochromes et ambiances pluvieuses sur les sentiers du GR® 10.*
/// **CI-DESSOUS.** *Du village d'Arrens, les montagnes sortent enfin des brumes pour montrer leurs arêtes.*

/// **PHOTO.**
Au cirque du Litor, les sommets se voilent et se dévoilent en un balai incessant.

Nous reprenons les sentes escarpées du GR® 10 sous les plis du mont Laid, jusqu'au col de Saucède : après plusieurs heures d'une pluie qui jamais n'aura cessé, une accalmie semble se dessiner, dans le lent balai des nuages. Le col derrière nous, le sentier s'enfonce dans une oasis de calme, sauvage, en suivant conjointement les traces du GR® 10 et celles du GRP® du Tour du Val d'Azun. Petit à petit, des maisons apparaissent au coin du chemin et à l'horizon, signe d'un retour imminent à la civilisation.

Par un sillon arboré remontant de la vallée d'Arrens-Marsous vers les flancs du pic de Pan, nous profitons d'un temps menaçant mais sans pluie pour plonger sur Estaing et son magnifique lac, dans lequel se reflètent les arêtes vertigineuses des pics du Midi d'Arrens et de Mousquès. L'endroit est d'un apaisement immédiat et cette étendue d'eau devient peu à peu une fenêtre ouverte sur le ciel, à mesure que la nuit étend ses étoiles et constellations sur la montagne.

JOUR 15 17,6 km - 1116 m D+ / 1357 m D-

Du lac d'Estaing à Cauterets

Au petit matin, le soulagement est de mise : la douleur qui m'a saisi la veille dans les ultimes kilomètres de l'étape a presque complètement disparu. Là où l'incertitude m'a assailli durant une partie de la nuit, une conviction naît des eaux moirées du lac : nous allons pouvoir poursuivre notre épopée pyrénéenne.

Au sortir d'une zone boisée, peuplée du chant discret et matinal des oiseaux, le GR® 10 monte droit dans la pente, sans presque jamais faiblir, jusqu'au col d'Ilhéou. L'effort est soutenu, intense. Nous nous réfugions chacun dans ses volutes. Dans la mélopée de nos souffles qui deviennent courts, dans le fil de nos pensées et de cette joie diffuse d'être là, en cet instant. Ici et nulle part ailleurs. Comme solidement ancrés dans l'espace-temps de ces montagnes que nous gravissons une à une. Il faut parfois savoir laisser le corps endurer ses propres tourments sur les pentes pour que

/// **À GAUCHE.** *Au petit matin, le lac d'Estaing dévoile un miroir de monts et de nuages.*
/// **CI-DESSOUS.** *La brume persiste et nous découvrons les paysages du col d'Ilhéou mètre par mètre.*

/// **CI-DESSUS.** *La cascade d'Ilhéou nous offre l'occasion d'une pause bien méritée.*
/// **À DROITE.** *Un filet de lumière sur le lac Bleu / Paysages du Parc national des Pyrénées.*

l'esprit cherche à s'évader plus haut que les sommets qui le dominent de leur grandeur. Toucher ainsi du doigt une forme de béatitude, d'accomplissement dès lors que l'on arrive au but. Au col. Au refuge. À destination. La brume enserre de ses griffes diffuses le port, là où le sentier tourne au pied du Grand Bardat et ses 2 873 mètres d'altitude. L'ambiance y est unique : nous avons l'impression d'être les derniers survivants d'une ère postapocalyptique. Seul le bruit étouffé de nos pas sur les herbes gorgées d'eau perturbe le silence ouaté des cimes. Au détour d'une courbe se découvre avec pudeur le lac Bleu, qui se voile et se dévoile au fil des minutes, dans une danse langoureuse avec les nuages, à mesure que nous approchons de ses berges monochromes.

"Seul le bruit étouffé de nos pas sur les herbes gorgées d'eau perturbe le silences des cimes"

Entourés de pics et de murailles de pierre imprenables, nous suivons l'étroit couloir qui file depuis le lac jusqu'aux cascades d'Ilhéou et de Sahucs, qui fendent la montagne de leurs cours étincelants. De là, nous gagnerons le plateau de Cambasque. Et plus tard, Cauterets, pour la nuit.

N

JOUR 16 31,7 km - 1791 m D+ / 1493 m D-

De Cauterets à Barèges

/// **PHOTO.**
Au loin, seul le pic de Letious parvient à se frayer un chemin à travers la brume.

C'est une étape de transition et pourtant difficile qui nous attend aujourd'hui, entre Cauterets, Luz-Saint-Sauveur et Barèges. Un lien de terre entre deux villes thermales et un village de montagne, antichambre de la station de Barèges La Mongie. Un chemin entre deux vallées, dont les points d'orgue sont le Pène de Bassots et le col de Riou. Le premier culminant à 2012 mètres et son col à 1949 mètres d'altitude. Une trace accidentée serpentant sur le dos de géants aux silhouettes acérées.

"La longue vallée de Barèges s'offre au regard, là où la mythique route menant au col du Tourmalet zèbre les flancs de la Soum de Moustayou et du mont Agut."

La montée vers le port, point le plus haut de cette journée, a beau faire moins de 10 kilomètres, elle exige un effort de tous les instants, soutenu et constant. Au beau milieu de paysages dans lesquels le regard et les pensées se perdent, sans fin. Parvenus sur la crête qui sépare les deux vallées, de nouveaux panoramas s'offrent à nous à mesure que nous descendons sur les pentes de Luz Ardiden et que nous sortons peu à peu de la nasse brumeuse qui, jusque-là, nous retenait dans ses limbes grisâtres. La longue vallée de Barèges s'offre au regard, là où la mythique route menant au col du Tourmalet zèbre les flancs de la Soum de Moustayou et du mont Agut.

La descente vers les villages de Grust et Sazos nous permet de renouer peu à peu avec le monde d'en bas, tout en découvrant l'architecture typique et locale, celle de la cité thermale de Luz-Saint-Sauveur. Une ville posée au creux des montagnes, aux teintes hivernales, même en automne.
Le GR® 10 s'élève ensuite lentement vers le village de Barèges, qui marque le préambule à l'un des grands moments de la traversée des Pyrénées : l'entrée dans la réserve naturelle du Néouvielle. Alors que l'orage talonne chacun de nos pas, emplissant peu à peu l'horizon de ses teintes métalliques et ses ambiances de fin du monde. Le bulletin météo que nous consulterons plus tard annoncera d'ailleurs des chutes de neige en altitude, dans la nuit : la vie sur le GR® 10 est loin d'être un long fleuve tranquille mais, c'est ce qui en fait aussi quelque part sa beauté. Sauvage, imprévisible, indomptable.

/// **DOUBLE PAGE SUIVANTE.** *L'orage filtre la lumière qui peine à frapper de ses derniers rayons la Bonida.*
/// **CI-DESSOUS.** *Ambiances montagnardes et rurales de la vallée de Luz et du pays Toy.*

JOUR 17

De Barèges à Loudenvielle

Étape annulée pour conditions météorologiques dangereuses.

/// **PHOTO.**
Le soleil se lève sur le Néouvielle et le lac d'Aumar.

L'orage a grondé toute la nuit. Et persiste à faire peser sa menace sur les sommets pyrénéens au matin. Le ciel est bas, gris, voilé. La pluie tombe sans discontinuer sur Barèges et les pics alentour sont désormais nappés d'une épaisse couche blanche, qui émerge parfois des nuages. En quelques heures, les paysages ont définitivement changé de visage, les ambiances sont tout autres et nos perspectives, vaporisées dans la neige immaculée. Dans les zébrures qui irradient le ciel et le tonnerre sourd, qui se répercute sur les parois sombres et menaçantes des gigantesques murailles de pierre, dressées comme des remparts à l'horizon.
Sur la carte, le GR® 10 dessine une échancrure au milieu d'un désert minéral où rien ne protège de la furie des éléments. Franchissant le col de Madaméte à 2 508 mètres d'altitude, avant de plonger dans le bleu des lacs d'Aumar et d'Aubert et continuer sur des crêtes sommitales et décharnées, depuis le col de Portet jusqu'à Vielle-Aure.
La mort dans l'âme, après maintes tergiversations, nous renonçons à cette étape : nous n'avons pas dans nos sacs à dos le matériel indispensable pour franchir un col probablement enneigé et gravir des pentes glacées. Et encore moins l'envie de nous mettre inutilement en danger et subir la colère des éléments, ainsi que le courroux de l'orage, sans aucune protection. Il faut savoir demeurer humble et prudent face à la grandeur de la montagne : nous nous détournons donc momentanément du GR® 10 et descendons dans les replats moins exposés de la vallée de Campan, avant de gagner Loudenvielle par le macadam et ainsi poursuivre notre grande traversée des Pyrénées.*

** Nous essaierons par deux fois de refaire ensuite cette étape, sans succès : des conditions météorologiques tout aussi désastreuses et une bronchite inopinée la veille de partir mettront définitivement un terme à nos velléités.*

JOUR 18 8 km - 734 m D+ / 96 m D-

De Loudenvielle à la cabane d'Ourtiga

C'est une étape de transition qui nous attend aujourd'hui : une demi-journée au faible kilométrage, qui nous permet de nous fondre à nouveau dans les replis noueux des Pyrénées, sous un ciel plus clément.

Dès les premiers lacets qui mènent depuis Loudenvielle au village de Germ, nous sommes pris de court par l'élévation soudaine de la pente, que le sentier fend sans aucune forme de politesse, droit dans la verticalité. La végétation est omniprésente et l'air de la vallée moite et saturé d'humidité. À mesure que les dernières toitures disparaissent derrière nous, le chemin relâche son étreinte et s'efface peu à peu dans la montagne sauvage, s'échappant au pied de l'Ourtiga, enserré à son sommet par les brumes d'altitude. Je semble soulever à nouveau le voile d'un monde parallèle à mesure que la sente s'immisce de plus en plus profondément au cœur des montagnes. Et que le grincement indistinct de la civilisation s'estompe pour laisser place au chant discret du vent dans les hautes herbes et celui du clapotis du ruisseau d'Aube courant en contrebas.

/// **DOUBLE PHOTO.**
En route pour le val d'Aube et la cabane d'Ourtiga.

Nous atteignons la cabane d'Ourtiga en fin d'après-midi. Comptant y passer une nuit calme et reposante, nos espoirs de solitude s'évaporent instantanément : la cabane est pleine d'un groupe de six randonneurs ayant déjà investi les lieux. Des tentes perlent sur les flancs des Pichadères, témoignant que nous sommes loin d'être les seuls à avoir planifié une halte en ces lieux hospitaliers. Nous hésitons à repartir séance tenante jusqu'à la cabane d'Esquierry mais finissons par dresser le camp un peu plus haut, isolés et à l'abri du bruit des autres humains, tandis que la brume envahit peu à peu le vallon.

"Au beau milieu de la nuit, alors que nous dormons d'un sommeil léger et entrecoupé, un cri glaçant résonne soudain."

Au beau milieu de la nuit, alors que nous dormons d'un sommeil léger et entrecoupé, un cri glaçant résonne soudain. Les sens aux aguets, le cœur qui bat déjà la chamade, nous entendons ce même cri retentir par trois fois en se déplaçant rapidement dans le vallon, à une centaine de mètres au-dessus de la cabane. J'ouvre la tente : je ne vois strictement rien, l'obscurité est opaque, voilée et noire. Il ne fera nul doute, au petit matin, qu'un ours sera venu durant la nuit marquer son territoire et nous souhaiter à sa manière la bienvenue dans ce monde qui est définitivement le sien.

/// **PHOTO.**
Le GR® 10 déroule son fil sur les flancs de brume de l'Ourtiga et les forêts de la Pène Cigalère.

/// **PHOTO.**
Le jour se lève paisiblement sur la cabane d'Ourtiga et le pic de Nord Nère.

JOUR 19 13,2 km - 1402 m D+ / 1056 m D-

De la cabane d'Ourtiga au refuge d'Espingo

Le jour se lève sur le val et dévoile un paysage que nous n'aurions pu imaginer la veille au soir : la cabane d'Ourtiga est posée au creux d'un vallon ceinturé de hautes montagnes, dont les parois vertigineuses et les aiguilles acérées nous font l'effet de bastions infranchissables. Quelque peu sous le choc des cris d'ours qui nous ont réveillés en pleine nuit, nous reprenons petit à petit nos esprits et plions rapidement le camp pour nous attaquer à l'étape du jour, qui nous promet une arrivée dans quelques heures au refuge d'Espingo.

Si le départ de la cabane se fait dans la bonne humeur, le GR® 10 nous cueille à froid, dès le ruisseau de Néré franchi, par une montée brutale et sans concession jusqu'aux 2131 mètres du Couret d'Esquierry, qui marque la bascule dans la longue descente vers les Granges d'Astau.

GR
10

/// **CI-DESSUS.** *Le lac d'Oo, destination prisée des touristes et randonneurs à la journée.*
/// **À GAUCHE.** *Du Couret d'Esquierry à la cabane d'Espingo, panoramas et décors du GR® 10.*

Ces premières heures sont engagées, physiquement: pas un seul moment de répit pour le marcheur, si ce n'est ceux qu'il s'offre brièvement, dans l'inconfort de la pente. Des moments où seule compte la priorité de l'instant: celle de reprendre son souffle. Là où l'ascension du Couret met à mal les organismes, dans un effort tendu et constant, la longue chevauchée jusqu'au pont d'Astau éveille des douleurs jusque-là inconnues: la perte d'altitude y est brutale, dans des pentes obliques par endroits, qui nous feront dévaler plus de 1 000 mètres de dénivelé en moins de quatre kilomètres.
Après une pause méritée et une délicieuse omelette expédiée sur le pouce dans un des restaurants des Granges, nous reprenons notre marche en direction du lac d'Oo, dont la beauté nous a été amplement vantée. Pour le randonneur arpentant depuis des jours le GR® 10, désormais rompu aux grands espaces et à leur solitude, la montée vers le lac d'Oo est un calvaire de longue haleine: la surpopulation du sentier y est presque intolérable pour qui aspire au calme et à la déambulation silencieuse. Jusqu'à l'arrivée au barrage et à l'auberge du lac, il ne s'agira que d'une longue et interminable file indienne d'humains de tout âge et de chiens harassés par la chaleur estivale, se hissant pesamment et bruyamment vers les hauteurs.

À peine parvenus sur les berges du lac, nous poursuivrons notre ascension afin d'échapper le plus vite possible à la cohue et à son assourdissant tintamarre. Heureusement, la montée vers le refuge d'Espingo recèlera des points de vue magnifiques sur le lac et sa cascade : ils nous inviteront ainsi à oublier dans ces panoramas les stigmates de ce retour brutal à la civilisation moderne. Une reconnexion à une société peut-être un peu trop focalisée sur la consommation immédiate de l'instant, pour ces vagabonds d'un autre temps que nous sommes devenus, au fil de ces crêtes et de leurs éminences.

"Tout ici n'est que grandeur et éternité, renforçant l'impression de n'être que de passage. »"

Après un dernier effort, nous parvenons sur les rives du lac d'Espingo : le charme opère instantanément et nous plonge dans une tout autre ambiance, qui balaye d'un geste la journée qui vient de s'écouler. Les panoramas qui s'offrent au regard, où que ce dernier porte, sont grandioses. Sans commune mesure avec ceux qui font nos quotidiens en dehors du GR® 10. Je les regarde changer peu à peu, à mesure que le soleil plonge à la verticale de l'horizon : tout ici n'est que grandeur et éternité, renforçant l'impression de n'être que de passage.

/// **À GAUCHE.** *Le lac d'Oo et sa cascade se dévoilent dans un écrin naturel, posé au creux des montagnes.* /// **DOUBLE PAGE SUIVANTE.** *Le refuge d'Espingo nous offre une vue panoramique sur le cirque splendide qui l'entoure.* /// **CI-DESSOUS.** *Ambiances crépusculaires sur les bords du lac d'Espingo.*

JOUR 20 29,8 km - 722 m D+ / 2 047 m D-

Du refuge d'Espingo à Bagnères-de-Luchon

Nous quittons le refuge alors que le soleil éclaire à peine de ses premiers rayons les sommets qui nous entourent. Un dernier regard ému posé sur ces montagnes millénaires et nous retrouvons la corde raide du GR® 10, que nous allons dérouler aujourd'hui jusqu'à Bagnères-de-Luchon, ville étape et thermale mythique pour tout randonneur au long cours : elle symbolise de sa présence au creux de la vallée la moitié de l'aventure, pour qui traverse les Pyrénées via le légendaire sentier de grande randonnée.

Si nous montons à nouveau sur les hauteurs du lac d'Oo et retrouvons les paysages que nous avons délaissés la veille pour ceux du lac d'Espingo, franchir la Hourquette des Hounts Secs nous propulse instantanément dans un changement de décor époustouflant. Baignées d'un soleil à la

/// **À DROITE.** *La silhouette de Thibaut se détache des amples plis et replis des Pyrénées.*
/// **CI-DESSOUS.** *Le jour se lève sur le refuge d'Espingo et ses alentours.*

/// **DOUBLE PHOTO.**
Damien en admiration devant le paysage que nous offre la Hourquette des Hounts Secs.

douceur inégalée depuis notre départ d'Hendaye l'an dernier, les Pyrénées centrales s'offrent dans un écrin de verdure et d'immensité comme jamais jusqu'ici. À mesure que nous descendons et progressons dans cet amphithéâtre millénaire, j'ai la sensation diffuse d'évoluer une nouvelle fois sous des latitudes dessinant un monde inconnu et nouveau, où chaque panorama est un ravissement. Les minutes me semblent des heures et, comme un enfant, je cherche à prolonger la magie de ces instants : je n'ai déjà que trop conscience du moment unique que nous sommes en train de vivre. L'indicible magnificence de cette partie du GR® 10 qui mène jusqu'à la Coume de Bourg me laisse sans voix, perplexe sur ma capacité à retranscrire un jour par de simples mots ce que je vis intérieurement, à cet instant de notre traversée et de ma vie. Je nous imagine comme deux minuscules traits de crayon évoluant imperceptiblement dans l'immensité d'une toile

/// **PHOTO.**
Thibaut perdu dans la poésie des lignes minérales et verdoyantes de la montagne de Médassolles.

de maître. Et au milieu de cette grandeur, il y a ce sentiment fort, qui règne ici en maître : la gratitude.
Loin de prendre brutalement fin, ce rêve éveillé s'étire lentement comme un doux et long retour à la réalité du monde, à mesure que nous nous enfonçons dans le val sous la crête de Subescale, en direction de Superbagnères. Au détour d'une coste, l'imposant massif de l'Aneto – plus haut sommet des Pyrénées – nous toisera de ses 3 404 mètres de haut et de son glacier qui, malheureusement, n'est plus que l'ombre de ce qu'il a été.
Nous atteindrons Bagnères-de-Luchon dans l'après-midi, où nous avons réservé un logement pour la nuit. Afin de recharger les batteries de notre matériel photographique et surtout, de fêter sobrement mais dignement notre joie d'avoir parcouru la moitié de ce grand périple à travers les Pyrénées.

JOUR 21 30,4 km - 1717 m D+ / 1811 m D-

De Bagnères-de-Luchon à Fos

/// **CI-DESSUS.** *La paisible montée vers la cabane de Saunères, sur les bords du bois de l'Auédou.*
/// **À DROITE.** *Ultime étape avant l'Ariège, où les paysages semblent de plus en plus vastes et infinis.*

Il est huit heures du matin et déjà, nous suivons les bords du torrent de la Pique de nos pas élastiques. Ensuite, le GR® 10 bifurque sur la droite dans Juzet-de-Luchon avant de s'élever vers les villages de Sode et d'Artigue, ultimes bastions d'humanité avant Fos, de l'autre côté du massif. La journée est magnifique et le soleil éclaire peu à peu de ses rayons l'étroite vallée luchonnaise et les innombrables montagnes la ceinturant. Cette dernière journée dans les Pyrénées centrales s'annonce grandiose, par l'intensité et l'engagement physique qu'elle va nous imposer. Elle sera également inoubliable, par la myriade de panoramas qu'elle va nous offrir. Le hameau d'Artigue désormais dans la poussière de nos pas, nous gagnons peu à peu en hauteur, sur les flancs de la forêt domaniale de la Cigalère. Avant de rejoindre par un large chemin de terre la cabane de Saunères et l'immense belvédère qu'elle offre sur la chaîne des Pyrénées et le massif de l'Aneto. Si l'effort qu'exige la pente reste soutenu, sa régularité et le caractère relativement roulant du sentier donnent au corps le mouvement d'un métronome. Et dans cette cadence répétée à l'infini, les pensées s'échappent peu à peu et s'envolent sur le fil de ces crêtes herbeuses qui fuient dans l'horizon azuré. Elles frôlent de leur course ces bornes frontières qui, de leurs blocs monolithiques fouettés par le vent, marquent le sceau d'une autre époque. D'un autre temps. Celui où l'histoire des peuples coupa les Pyrénées d'une main implacable, arguant que les arêtes d'une montagne fixaient volontiers

FFRandonnée
GR10
Pic de Bacanère

/// **CI-DESSUS.** *Damien évoluant sur la crête de Cigalères et le col d'Esclot d'Aou.*
/// **À DROITE.** *La cabane des Courraux, un abri pour les bergers et les randonneurs.*

la géographie des mondes. La ligne naturelle entre deux nations. Pourtant, à marcher aujourd'hui, tels des funambules sur ces pointillés invisibles, j'en viens à me demander ce qui différencie un être humain d'un autre. Celles et ceux qui vivent au bas du pinacle sur lequel je me tiens aujourd'hui en équilibre sont-ils si différents de moi ? Si ce n'est leur langue, existe-t-il une différence fondamentale entre eux et moi ? Marcher ainsi sur les hauteurs entre deux nations me fait sentir que je suis peut-être devenu, par la transformation intérieure de la marche et les rencontres qu'elle offre, un citoyen du monde plus qu'un individu se réclamant d'une seule identité.

Parvenus au pic de la Hage et ses 2 165 mètres d'altitude, nous rencontrons Bastien, un grand échalas au sourire vaste comme les océans. Il marche depuis Hendaye à la seule lumière de son mental hors-norme, n'écoutant son corps que lorsque ce dernier en est rendu à hurler pour se faire entendre. J'ai l'impression de rencontrer Hercule, tout à la tâche de l'un de ses douze travaux : traverser les Pyrénées d'ouest en est. De sa démarche vigoureuse, il nous laisse à nos introspections, évoluant en équilibre sur les arêtes étroites et la crête de Cigalères, avant de plonger dans la descente interminable qui nous mènera à Fos. Un trait de terre et de cailloux, tendu entre un sommet et sa vallée, serpentant au gré d'arbres se comptant par milliers qui, de leurs suaves parfums, nous escorteront de la cabane d'Artigue jusqu'aux rives de la Garonne. Nous retrouverons Bastien au village, avant de prendre nos quartiers au gîte d'étape municipal, alors que l'orage grondera au loin. Une dernière nuit de repos à l'abri des éléments, avant d'entrer en Ariège, dans les contrées brumeuses du pays de l'ours.

CHAPITRE 3

Les Pyrénées ariégoises

De Fos à L'Hospitalet

/// 184 km - 8 889 m D+ / 7 929 m D-

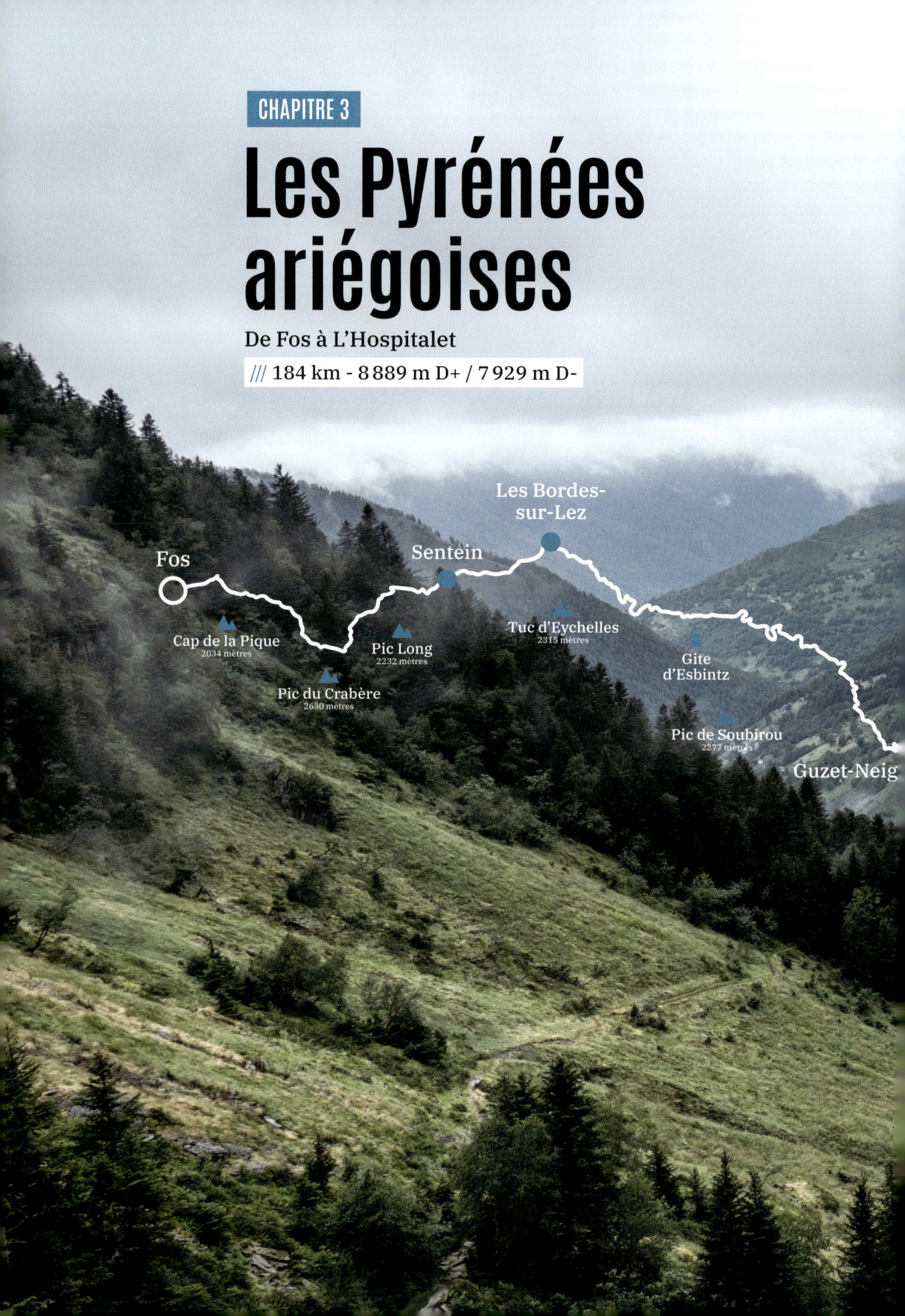

ulus-
s-Bains
Pic de
Cabanatous
2053 mètres
Vicdessos
Siguer
Pic du Midi
de Siguer
2003 mètres
Larnat
Rocher
de Miglos
1708 mètres
Les Cabannes
Luzenac
Ax-les-Thermes
Merens-les-Vals
Pic des
Perdrix
2301 mètres
Pic Fourcade
2675 mètres
Pic d'Auriol
2695 mètres
L'Hospitalet

JOUR 22 28,3 km - 1681 m D+ / 1478 m D-

De Fos à Sentein

Une ambiance monochrome nous attend au matin, alors que le jour se lève timidement sur le village de Fos. Le ciel bas retient à grand peine la promesse d'une journée de pluie et de brumes. La longue montée de Melles vers La Borde Le Pradet, qui suit une route sinueuse et monotone, ajoute à la sensation qui nous étreint depuis le départ : cette journée va être longue.

Le macadam finit par céder la place à un chemin bétonné qui monte avec autorité dans les premiers escarpements de la montagne ariégeoise. Avant que ce dernier finisse par rendre les armes et s'estompe en un sentier paisible, offrant une vue panoramique sur les premières éminences de ce pays connu ici comme celui de l'ours. Dans ce lointain brumeux, nous devinons les soubassements de la Malède du Pas de Chau, dont l'épine doit traverser les nuages qui se déversent sur ses flancs. C'est ici que débute réellement l'ascension vers le col d'Auéran et l'étang d'Araing : elle se révélera intransigeante, parfois douce, tantôt violente, exigeant de nous un effort que nous peinerons à délivrer, transis par le froid, l'humidité omniprésente et la fatigue des journées précédentes. Pourtant, un pas après l'autre, hissant nos silhouettes à la seule force de notre volonté, dans des couloirs étroits de roches concassées, nous quittons la protection naturelle que nous

/// **À DROITE.** *Les brumes enveloppant le pic de la Soulère marquent l'entrée dans le pays de l'ours.*
/// **CI-DESSOUS.** *La montée humide et brumeuse vers le le col d'Auéran.*

/// **PHOTO.**
Depuis les conifères des forêts de la Saumède, le sentier s'élève brusquement vers les pacages d'Uls.

"Je nous sais sur le territoire de l'ours et la vigilance est de mise."

offraient jusque-là les forêts de la Saumède pour entrer dans le monde mystérieux des pacages d'Uls. De mystères, il s'agit bel et bien puisque du monde qui nous entoure alors, nous ne discernons presque rien. Si ce ne sont les premiers abords, situés à quelques mètres de nous. Nous marchons à tâtons, dans une brume impénétrable qui dissimule les contours du monde. Là où ne peut porter le regard, les autres sens tentent maladroitement de prendre le relais et chaque bruit qui s'échappe de l'immensité opaque est un signal d'alarme : je nous sais sur le territoire de l'ours et la vigilance est de mise.
Pourtant, il règne ici une sensation tout autre, à l'opposé de cette crainte silencieuse d'une rencontre impromptue avec le plantigrade. Quelque chose qui tient plutôt de la sérénité. À cette profondeur que je pourrais presque tenir au creux de ma main : celle de l'âme du monde. Et celle de l'Ariège, qui semble palpiter quelque part sous ces voiles.
C'est dans les volutes cendrées de cet océan de terre et de pierres que je passe, comme perdu dans un songe, le col d'Auéran et entame la descente vers l'étang d'Araing et son refuge.

/// **DOUBLE PHOTO.**
Les sentes du GRP® du Tour du Biros nous emmènent dans des paysages bucoliques et forestiers.

J'y attends Thibaut et nous faisons une pause, le temps de nous réchauffer à la chaleur d'un poêle et de nous donner l'illusion que nous pourrons y faire sécher nos vêtements détrempés par la pluie. C'est à cet instant que mes chaussures de marche, vaillantes et tenaces depuis le départ d'Hendaye, donneront leur dernier signe de vie. Gorgées d'eau et fatiguées de tous ces dénivelés répétés, elles abandonneront ici l'aventure, les doublures intérieures se désolidarisant de la structure du chaussant. Blessant mes pieds au fil des kilomètres à venir, par les frottements innombrables et répétés inhérents à une telle épopée.
Ne discernant rien à plus de dix mètres, nous décidons de nous dérouter du GR® 10 quelques heures et de gagner la vallée par le GRP® du Tour du Biros, jusqu'à Sentein. D'où, dès le lendemain, nous récupérerons le GR® 10E. Descendant des brumes par les magnifiques sous-bois de la forêt de la Côte, nous gagnons le bourg dans l'après-midi : nous prendrons nos quartiers dans un village vacances déserté, où nous dormirons avec un toit sur la tête et pourrons y faire sécher nos affaires et nos chaussures. Nourrissant ainsi le vain espoir que je pourrai réparer les miennes, au petit matin.

/// **PHOTOS.**
Mystique, le lac de Bethmale avec ses eaux émeraude et ses forêts d'un vert profond.

JOUR 23 26,1 km - 981 m D+ / 893 m D-

De Sentein au gîte d'Esbintz

Le constat est sans appel : si nos vêtements sont secs au matin, mes chaussures sont inutilisables. Pourtant, je n'ai pas d'autres choix que de les rechausser et m'en remettre à une sorte de providence du marcheur afin qu'elle me préserve des tourments de tous ces pieds meurtris de randonneurs éreintés que nous avons pu voir parfois, à la terrasse d'un refuge ou dans les couloirs d'un gîte.

Le ciel est sombre et menaçant à mesure que nous avançons de Bonac vers Les Bordes-sur-Lez : il se contente de faire peser sur les paysages grisâtres que nous traversons la menace d'une pluie diluvienne à venir. Ce déluge longtemps promis ne manquera pas de s'abattre sur nous, alors que nous explorerons les contours et détours du GR® 10E, variante bucolique traversant avec douceur le pays de Bethmale. Sommairement protégés des éléments par les forêts que nous traversons, nous parvenons au lac de Bethmale, à la faveur d'une brève accalmie. Avant que de lourds nuages

noirs ne déversent à nouveau sur nous les flots de leur rage contenue, à mesure que nous nous hissons lentement vers le col de la Core, par des forêts éperdues de brume.
Après la stèle marquant le passage du port, le chemin devient boueux et inextricable. Nous glissons plus que nous ne marchons, sur ces sentiers du GR® 10 ravagés par la pluie et le passage répété des troupeaux. Les averses se suivent et se ressemblent : j'ai l'impression qu'aucune partie de mon corps n'échappe à leur déferlement incessant. C'est ainsi que nous arrivons au gîte d'Esbintz, transis mais soulagés d'y trouver une demeure accueillante, chauffée par un poêle rougeoyant et les rires de ces inconnus qui, quelques heures plus tard, seront devenus des visages familiers dont on ne pourra plus oublier le sourire. Nous y vivrons l'une de nos plus chaleureuses soirées du GR® 10 en la compagnie de Marie, Joseph, Camille, Valérie et son compagnon de marche. Ces instants seront un véritable baume pour Thibaut et moi, depuis longtemps habitués à la solitude de notre amitié et de nos bivouacs esseulés. Entourés par la gentillesse et la bienveillance de Mathias et Adeline, nos hôtes pour la soirée, nous ne verrons pas les heures filer, jusqu'au moment de gagner nos lits pour la nuit.

/// **DOUBLE PHOTO.**
Après une journée de marche pluvieuse, nous trouverons le confort d'un bon repas et d'une nuit au gîte d'Esbintz.

Jadis, l'ours des Pyrénées, monarque des lieux, incarnait la force tranquille de la montagne. Sa présence silencieuse, sa force inébranlable, ses pas, lourds et pourtant empreints de grâce, foulent l'herbe fraîche et le caillou depuis plusieurs milliers d'années. Avec son pelage ocre, il erre en maître sur la chaîne franco-espagnole et se fond harmonieusement dans l'écrin naturel de ces montagnes densément arborées.
L'ours brun est une espèce indigène emblématique des montagnes pyrénéennes, un des gardiens de ce monde sauvage qui vivait une existence paisible en parfaite communion avec la nature. Malheureusement considéré par l'homme comme nuisible dès le Moyen-Âge, le plantigrade essuya de larges battues qui, au fil des décennies, le conduisirent à son déclin, laissant derrière lui un vide profond dans l'écosystème de cette nature pourtant flamboyante.
En 1979, sa population s'effondrant de génération en génération, des moyens furent mis en œuvre pour préserver ce qui restait de cette espèce. Malgré cette prise de position, les dégâts demeuraient considérables : les quinze ours survivants, présents sur le territoire à cette période, étaient éparpillés et peinaient à se reproduire. Cependant, l'espoir se profila à l'horizon quand, en 1996, un programme de réintroduction d'ours de souche slovène vit le jour. Ces efforts de conservation furent longs et controversés, mais, petit à petit, la vie sembla retrouver son chemin.
Même si nous sommes de fervents partisans du retour de l'ours dans les Pyrénées, la perspective de croiser l'animal au détour d'un sentier brumeux sur le GR® 10 ne nous mettait pas particulièrement en joie. De nos jours, on compte moins d'une centaine d'individus sur l'ensemble du massif pyrénéen (dont une majorité en Espagne), ce qui réduit considérablement l'éventualité d'une rencontre.
Nous sommes aux portes de l'Ariège à présent, région où l'ours est le plus présent. Tandis que nous amorçons notre ascension sur les hauteurs de Melles, en direction de l'étang d'Araing, plusieurs panneaux préventifs nous signalent la présence potentielle de l'animal : plus de doute, nous sommes à présent sur son territoire.
La météo est déplorable et l'atmosphère pesante. Un épais manteau de brume réduit la visibilité à seulement quelques mètres. Damien m'ayant devancé d'un bon kilomètre, je marche seul depuis plusieurs heures à présent avec, en guise de compagnie, le vent, le froid et le tintement d'une petite clochette fixée à mon sac à dos. Attentif au moindre bruit suspect, je me retourne sans cesse pour scanner l'environnement qui m'entoure. Je m'accorde une pause quand, tout à coup, mon cœur s'emballe. J'aperçois une masse sombre qui contraste avec le brouillard et semble venir lentement dans ma direction. Heureusement, il ne s'agit là que d'une randonneuse voûtée sous son sac et recouverte d'un large poncho. Je pousse un soupir de soulagement et comprends à cet instant que mes sens sont en alerte et que je suis en proie à une certaine forme de paranoïa. Même si le risque zéro n'existe pas, il est extrêmement rare de croiser un ours et plus improbable encore d'en subir une attaque. L'ours n'aimant guère la présence de l'homme, il cherchera autant que possible à s'en écarter. Cependant il est animé d'une grande curiosité et il est donc probable, si vous pénétrez sur son territoire, qu'il s'approche pour prendre de l'information ou qu'il vous observe de loin.
Cannelle, la dernière ourse de souche pyrénéenne, s'est malheureusement éteinte le 1er novembre 2004. Telle une étoile solitaire, elle incarne la force indomptable de la faune pyrénéenne et, avec elle, emporte la fierté immuable de toute une lignée

L'ours

JOUR 24 30,8 km - 1874 m D+ / 1208 m D-

Du gîte d'Esbintz
à Guzet-Neige

L'étonnement est de mise quand, au matin, nous découvrons que le soleil s'apprête à inonder de sa lumière les cimes qui nous entourent. Lui qui, dans quelques heures à peine, viendra illuminer cet écrin de nature dans lequel est posé le gîte d'Esbintz, entouré de ses cultures maraîchères en terrasse. Après un petit-déjeuner copieux et quelques derniers échanges bienveillants avec Mathias, nous reprenons le GR® 10, en direction de Guzet-Neige.

Les soucis matériels et mes pieds lacérés, couplés à nos obligations tant personnelles que professionnelles, nous mènent sur les sentes forestières du GRP® du Val de Garbet, pour faire la liaison avec le GR® 10 par les villages du Trein, de Bielle et de Saint-Lizier, tous trois rattachés à la commune d'Ustou. Le sentier serpente délicieusement sur les pentes boisées de la Serre de la Plagne, offrant aux marcheurs que nous sommes un belvédère sans cesse renouvelé sur les grands sommets ariégeois qui,

/// **À DROITE.** *Le soleil est de retour et nous dévoile enfin toute la beauté des paysages ariégeois.*
/// **CI-DESSOUS.** *Alors que nous reprenons de l'altitude, nous jetons un dernier regard à la civilisation.*

“Nous nous hissons ainsi sur les hauteurs de Guzet à la faveur d’une fin de journée propice à la rêverie.”

de leurs lignes élancées, dominent un parterre presque infini d'arbres et de fougères. Parvenus aux abords d'Ustou en début d'après-midi, nous y retrouvons les marques familières du GR® 10. Au détour de la chapelle du Pont d'Oque, Thibaut et moi nous jetons à corps perdu dans la longue montée qui mène au pic de Fitté et à la station de Guzet-Neige. La pente nous rudoie, s'élevant par de luxuriants sous-bois à la verticale de la montagne : elle nous offre néanmoins des instants de répit, longeant de ses courbes alors apaisées les lignes louvoyantes du bois de Fougas. Des rares percées de soleil fendant la canopée, nous y puisons une force qui semble être inépuisable, malgré les faciès tendus par l'effort et l'acceptation muette des douleurs grandissantes. Nous nous hissons ainsi sur les hauteurs de Guzet à la faveur d'une fin de journée propice à la rêverie, les sommets alentour dansant dans le lent ballet des nuages accrochant, voilant et dévoilant tour à tour leurs arêtes.
Nous rejoindrons un peu plus tard le Prat Mataou, où nous gagnerons nos quartiers pour une nuitée paisible et sans pluie, perchés sur les hauteurs de la montagne ariégeoise.

/// **DOUBLE PHOTO.**
De la commune d'Ustou jusqu'au plateau de Guzet-Neige, les paysages rivalisent de douceur.

JOUR 25 11,4 km - 259 m D+ / 1035 m D-

De Guzet-Neige
à Aulus-les-Bains

La brume s'invite à nouveau sur les sentes d'altitude du GR® 10 et la plaine de Guzet. Le passage au Tuc des Cristaux se fait dans un épais brouillard qui ne desserrera son étreinte vaporeuse que sur les hauteurs d'Aulus-les-Bains, bien plus bas dans la montagne. De ce voile de cendres posé sur les pentes s'échappent parfois, au gré de la brise, les installations métalliques et désertées de la station de ski aujourd'hui endormie, donnant à ces premières heures de la journée des allures de monde d'après. Un avant-goût des temps à venir.

Nous ne verrons presque rien des paysages de cette étape et seul percera de ce marasme désolant le chant mélodieux de la cascade et du ruisseau du Fouillet, qui jettent tumultueusement leurs eaux cristallines dans les pentes accidentées menant jusqu'à la vallée. Nous serons même parfois obligés de nous héler à travers la bruine et les voiles pour nous rassurer de la présence de l'autre, quelques mètres plus loin.

Parvenus à Aulus-les-Bains, nous mettrons sur pause notre aventure sur le GR® 10, le temps de changer nos chaussures et soigner nos pieds meurtris et endoloris. Et par la même occasion, de laisser passer sur les hauteurs les orages et la neige d'altitude que les bulletins météo nous promettaient pour les jours à venir.

/// **À DROITE.** *Les architectures montagnardes d'Aulus-les-Bains.* /// **CI-DESSOUS.** *Entre station de ski endormie et cascades, l'Ariège renoue avec ses ambiances mystérieuses.*

JOUR 26 30,9 km - 1937 m D+ / 1938 m D-

Aulus-les-Bains à Siguer

Alors que les ombres de la nuit s'évaporent des creux de la vallée, les reines de pierre ceinturant Aulus-les-Bains pointent vers le ciel des aiguilles et des ports nappés d'un épais voile blanc. À l'excitation purement enfantine de marcher dans une neige encore vierge de toute trace se mêle néanmoins une certaine appréhension : devrons-nous nous dérouter au cours de la journée ? Ou même pire, rebrousser chemin ? Un élan nous pousse pourtant à nous jeter dans le blanc des horizons, à connaître enfin ces paysages d'Ariège qui se sont refusés à nous jusqu'à présent, cachés dans les brumes et les nuages.

À la lisière du bois des Plagnolles, quelques kilomètres après les derniers échos de la cité, le plateau de Coumebière ouvre des perspectives nouvelles : les dernières volutes de la brume matinale courent sur les crêtes immaculées dans un ballet aussi doux qu'hypnotique. Les pics acérés, soudainement épris de blancheur, semblent vouloir sortir de l'horizon pour tenter de s'affranchir de l'azur du ciel et s'y perdre.

La longue et sinueuse montée vers le port de Saleix se fera en deux temps : un premier dans l'ombre du pic de Cabanatous, où nous marcherons dans une ambiance ouatée mais glaciale. La température n'y excède

/// **DOUBLE PHOTO.**
Au matin, la neige a envahi les hauteurs et peint les paysages du port de Saleix de teintes immaculées.

/// **CI-DESSUS.** *Tombée durant la nuit, la neige illumine le plateau de Coumebière et ses alentours.*
/// **DOUBLE PAGE SUIVANTE.** *Descente vers Vicdessos par le GRP® du Tour du pic des Trois Seigneurs.*

pas 1 °C et nous évoluons lentement vers le col. La seconde partie sera à la pleine lumière du jour, reflétée par les étendues d'un blanc pur et scintillant, alors que le soleil à peine hissé sur le fil de l'horizon caresse avec bienveillance nos corps tendus dans l'effort. Parvenus au col, nous sommes largement récompensés par la vue plongeante sur les lignes de la vallée de Vicdessos.

Un bref regard à la sente raide qui mène au port de Bassiès nous dissuade instantanément de poursuivre notre chemin sur le GR® 10 ; une vérification appuyée sur la carte confirme cette décision. Pour nous qui n'avons aujourd'hui que nos chaussures de randonnée pour affronter les sentes enneigées, s'aventurer plus haut dans la montagne et s'engager dans le long couloir minéral qui descend du refuge de Bassiès vers la vallée s'avère critique. Voire dangereux. Fouettés par la brise glaciale qui balaye le col, nous décidons de descendre vers Vicdessos en empruntant à la volée le GRP® du Tour du pic des Trois Seigneurs, qui nous invite à nous enfoncer dans la nature sauvage de la montagne ariégeoise. Elle que nous découvrons réellement aujourd'hui, sous un ciel bleu sans nuage. Le sentier dessine ses courbes langoureuses aux pieds de parois verticales dissimulant un instant l'horizon, avant de rejoindre le fond du val et le ruisseau de Saleix, qui semble marquer de son cours la frontière entre deux mondes : ceux de l'ombre et de la lumière. Le décor est saisissant, la magie, présente à chaque battement de cils. Jusqu'aux ruelles d'antan du village de Saleix, qui semble posé au pied des montagnes depuis des siècles, sans que rien ne puisse déranger sa paisible beauté rurale, brute, sans artifice.

/// **TRIPLE PHOTO.**
Ambiances et paysages de la vallée de Vicdessos et du village de Saleix.

De Vicdessos, nous remontons vers le GR® 10 dans la veine creusée par le village de Sem et ses mines d'antan. Dans les ombres diffuses et glacées du pic de Risoul, gardant l'espoir silencieux d'éviter de retrouver la neige sur ces sentes louvoyant paisiblement dans les vastes forêts ariégeoises. Au col de Lercoul, nous dévalons le tracé abrupt du chemin qui s'enfonce dans le bas de la montagne, filant à travers des sous-bois sans ciel, dans les obscurités naissantes de la nuit : nous parviendrons d'ailleurs aux abords du village à la lumière de nos frontales, sous une pluie fine mais tenace, croisant un villageois qui nous signifiera dans un sourire entendu que nous sommes bien des fous de courir le GR® 10 par une telle journée. Nous passerons la nuit au village, dans un gîte particulièrement chaleureux, entourés par la bienveillance authentique et montagnarde de Nathalie. Et le fumet savoureux de son pot-au-feu.

/// **PHOTO.**
Le crépuscule enveloppe d'une ambiance glaciale les sommets qui nous entourent.

JOUR 27 22,4 km - 1078 m D+ / 1297 m D-

De Siguer aux Cabannes

Les hauteurs semblent toujours enneigées alors que le jour se lève sur une campagne blanchie par la morsure du gel. Des ruelles de Siguer, le GR® 10 s'échappe droit dans la montagne, par les pentes escarpées du Pla de Montcamp, jusqu'au col de Gamel : la montée y est difficile et requiert un effort qui marque les corps et les esprits, dans un pur moment d'abandon aux vicissitudes de l'aventure. En moins de trois kilomètres, nous gravirons plus de six cents mètres de dénivelé. Pourtant, alors

/// **PHOTO.**
Au lever du jour, les montagnes toujours parées de leur manteau blanc se détachent du ciel azur.

/// **TRIPLE PHOTO.**
La compagnie des chevaux d'altitude, maîtres incontestés du col de Larnat, nous invite à une sieste à l'ombre des géants de calcaire.

que nous parvenons au col et foulons ses sous-bois étincelants qui dissimulent de leur végétation la crête de la Bède, nous décidons à nouveau de quitter momentanément le GR® 10 pour gagner la vallée : comme la veille, nous redoutons de ne pouvoir franchir le col du Sasc et ses 1 793 mètres d'altitude. Sans oser même songer à la descente vers l'étang de Riète, mordue par une neige qui a dû geler durant la dernière nuit. Aussi, par les méandres végétaux d'une forêt centenaire tapissée de millions de feuilles, nous rejoignons les villages de Norgeat et Norrat, avant de remonter vers les crêtes et le col de Larnat. Nous y découvrons une vue panoramique offerte par un plateau verdoyant plongeant ses contours vers une nouvelle vallée. Dans le lointain des plaines ensoleillées des Pyrénées orientales s'élèvent quelques sommets enneigés. Comme un prélude, pour ceux qui s'avancent vers le but ultime de cette traversée : la mer Méditerranée.
Après une pause en compagnie des chevaux et des chèvres dont le col est le lieu de villégiature avant les saisons plus froides, nous descendons vers le village des Cabannes, en longeant le flot apaisé de l'Ariège dans l'ombre de ces temples de pierre, qui veillent sur la vallée comme autant de cerbères épris de silence et d'éternité.

/// **LA FLORE DES PYRÉNÉES.**
Les Pyrénées abritent une flore diversifiée adaptée à des conditions climatiques variées. Les sommets rocheux sont parsemés de plantes alpines résistantes, tandis que les vallées regorgent de buissons et de fleurs sauvages, créant un écosystème riche et équilibré.

JOUR 28 33,8 km - 1079 m D+ / 80 m D-

Des Cabannes à L'Hospitalet

La pluie tombe inlassablement depuis les premières lueurs du jour sur une Ariège de nouveau éprise de ses teintes monochromes. Les ondées ont entamé les premières mesures de leur symphonie discrète au cours de la nuit et ne semblent pas vouloir mettre un terme à leur complainte monotone. Le ciel est bas et seuls les premiers balcons des monts ariégeois surnagent à l'horizon, avant d'être à nouveau engloutis dans les nuages et la brume.
Nous gagnons ainsi, sous une pluie fine mais continue, Luzenac, Ax-les-Thermes et Merens-les-Vals, au fil d'une étape sans difficulté mais sans réel attrait. Une journée de transition et pluvieuse, qui nous permet de poursuivre dans le froid et l'humidité notre aventure au fil des Pyrénées.

/// **DOUBLE PHOTO.**
Rarement les brumes desserreront leur étreinte des cimes et de l'Ariège, courant à leur pied.

/// **PHOTO.**
Au cœur de la montagne ariégoise, le Chemin des Bonshommes offre des visions inoubliables.

Par les rares éclaircies qui permettent aux sommets de dévoiler un instant leurs courbes effilées dans la grisaille, nous avons pu rapidement distinguer les lignes blanches des crêtes enneigées, dissimulant avec grâce les aspérités de la montagne. Nous décidons de poursuivre notre chemin jusqu'à L'Hospitalet, via le Chemin des Bonshommes : le GR® 107 nous permettra de faire la jonction avec le GR® 10 le lendemain, peu après le passage au pied du pic de l'Estagnas, là où le col affleurant les 2 300 mètres d'altitude doit être aussi blanc de neige que saturé de pierres glacées.
Le sentier des Bonshommes s'élève peu à peu entre ces deux âpres villages de montagne que sont Mérens-les-Vals et L'Hospitalet, en remontant le cours de plus en plus étroit de l'Ariège, par un sentier agréable et abrité des éléments. Ces derniers s'apaiseront d'ailleurs l'espace de quelques heures, nous permettant d'immortaliser des panoramas de brume vaporeuse qui capturent instantanément le regard, des arabesques fugaces que dessinent les nuages le long de ces pics descendant dans la vallée.
La pluie ne manquera pas de retrouver la trace de nos frêles silhouettes dans l'immensité ariégeoise, alors que nous entrons dans les premières ruelles de L'Hospitalet. Nous y gagnerons le gîte de l'Hospitalité pour la nuit, reçus dans la bonne humeur chaleureuse de Fatima.

Pic de
la Grava
2671 mètres
L'Hospitalet
Pic Carlit
2921 mètres
Joncet
Mont
Louis
Cabane de
Bonne-Aigue
Bolquère
Pic de
Tres Esteles
2099 mètres
Py
Pic du
Canigou
2785 mètres

CHAPITRE 4

Les Pyrénées orientales

De L'Hospitalet à Banyuls-sur-Mer

/// 156 km - 6 738 m D+ / 6 828 m D-

JOUR 29 24,4 km - 1368 m D+ / 784 m D-

De L'Hospitalet au lac des Bouillouses

6 h 50. Le jour épouse de son halo naissant les hauteurs parées de leurs blancheurs immaculées. Derrière le rideau de la chambre où nous avons passé la nuit, je laisse le décor happer mon imaginaire. Et mes envies de grands espaces, de course sur le fil de ces cimes dominant la vallée.

Plongés dans un froid glacial – un redoux est néanmoins annoncé dans la journée – nous quittons la route du col de Puymorens pour nous élever peu à peu dans les sous-bois qui mènent vers les hauteurs. Malgré la morsure de ces températures presque hivernales, de douces senteurs boisées nous accompagnent dans des notes de résine et de sapin, qui nappent chacun de nos pas de douceur. Les aiguilles de pierre de l'Ariège se dévoilent une ultime fois, tous azimuts : où que se pose le regard, il n'embrasse qu'immensité et élévation. J'aime soudain l'idée de pouvoir tirer ma révérence à ces montagnes qui ont fait de nous ce que nous sommes aujourd'hui et les remercier de tout ce que nous avons reçu, à marcher à leurs pieds.

/// **À DROITE.** *Des Bésines, les Pyrénées orientales se dévoilent comme autant de cartes postales.*
/// **CI-DESSOUS.** *Au loin se dessinent le roc Mélé et le pic de la Cabaneta.*

Les panoramas pittoresques de la Jasse du Pla dans notre sillage, nous montons lentement par le GR® 10 vers le col de Coma d'Anyell, dans des paysages aux tonalités nouvelles, là où une végétation luxuriante se bat à chaque recoin avec une minéralité brute, sans artifice. Il existe ici une frontière naturelle qui marque la fin d'un territoire et les prémices de celui à venir. Cette sensation de passage sera encore plus marquée à mesure que nous descendrons vers l'étang de Lanoux, dont l'horizon bleuté se heurte à l'imposant massif du Carlit : sa silhouette, haute de plus de 2 900 mètres et s'échappant de parterres d'herbes desséchées par le vent, donne à ces paysages des allures de carte postale envoyées depuis les hautes latitudes argentines.
Malgré l'intense beauté de tout ce qui nous entoure, la fatigue se signale bien plus vite qu'à l'accoutumée : nous avons parcouru à peine la moitié de l'étape prévue que, déjà, les premiers signes d'épuisement apparaissent. Chaque pente nous demande un effort colossal et la perspective de gagner Bolquère dans la soirée s'échappe au fil des heures. Pourtant, malgré cette lassitude des corps, nous continuons d'avancer, mus par un élan qui tient autant à nos tempéraments taillés par cette aventure hors-norme qu'aux vibrations invisibles qui émanent de ces terres sauvages.
Nous atteignons le lac des Bouillouses quelques heures plus tard, alors que le jour décline à l'ouest. Nous dressons le camp dans l'une des nombreuses criques de l'étang, qui offrent des abris paradisiaques et intimistes pour les vagabonds célestes que nous sommes devenus au fil de notre traversée des Pyrénées. Malgré le froid qui tombe sur les rives balayées par la brise d'altitude, nous passerons une nuit entrecoupée de nombreux réveils, mais calme. Emmitouflés dans la chaleur de nos duvets, à l'abri de nos tentes dressées à l'orée des sous-bois. Attendant avec une impatience presque fébrile que le jour se lève à nouveau sur notre aventure.

/// **À DROITE.** *Damien marchant dans les sous-bois du bois Long, peu avant l'étang des Bésines.*
/// **CI-DESSOUS.** *L'heure dorée illumine le lac des Bouillouses et le Puig Péric.*

JOUR 30 ▲ 28,2 km - 1002 m D+ / 802 m D-

Du lac des Bouillouses à Py

/// **PHOTO.**
Thibaut découvrant les berges bleutées de l'Estany de la Pradella.

À l'aube, le vent qui, toute la nuit, a agité de son souffle la canopée, s'est tu : la surface du lac reflète dans ses eaux redevenues translucides les dernières étoiles qui s'obstinent à briller dans le ciel, alors que les ultimes ombres se retirent pour laisser place à la lumière. Il y a toujours une indicible sensation de paix pour qui caresse du regard les premières heures du jour dans un tel panorama, après avoir affronté les rêves et les abîmes des nuits en pleine nature.

Nous levons rapidement le camp, tandis que les premiers rayons du soleil s'échappent depuis les crêtes et réchauffent nos corps encore assoupis : devant nous se dresse une journée haute en couleurs, qui doit nous emmener jusqu'au village de Py. Impératif de nos calendriers : nous devons être dans cinq jours à Banyuls-sur-Mer. Nos emplois du temps ne nous permettent malheureusement pas de passer une journée de plus sur les sentes des Pyrénées orientales. Le retard pris la veille, cumulé à la fatigue, nous oblige à composer une étape hybride avec les moyens du bord, pour atteindre l'objectif fixé au petit matin.

En premier lieu, rejoindre Bolquère. Le GR® 10 s'éloigne du lac des Bouillouses en s'enfonçant dans les bois du Bosc de Llivia, égayant son tracé de laquets aux reflets bleutés, qui se dévoilent au regard comme autant de fresques enchanteresses. Sans véritable difficulté, cette introduction à

/// **DOUBLE PHOTO.**
Bruts et acérés, les panoramas minéraux du pic de Tres Estelles.

cette longue journée nous permet de déambuler avec délice dans ces forêts aux parfums innombrables, jusqu'à ce que nous atteignions les premières habitations de Bolquère. De là, nous bifurquons vers La Cabanasse et Mont-Louis, où nous sommes tour à tour pris en stop par deux couples d'autochtones avec qui nous partageons la convivialité de l'instant. Nous descendons dans la vallée, au village de Joncet. De là, par une route sinueuse et escarpée, nous gagnons le hameau de Aytua où nous nous engageons au col de Fins sur la Ronde du Canigou, un GRP® qui fait liaison avec le GR® 10 et qui nous offre tout au long de ses 8 kilomètres à flanc de montagne des belvédères à couper le souffle sur le massif du Canigou.
Seuls sur ce chemin de solitude parfois envahi par les ronces et les mûriers, nous bravons les nombreux éboulis à flancs de falaise et progressons lentement vers Py. À mesure que nous passons sous le pic de Tres Estelles se dessinent au loin les premiers toits du village, marquant ainsi la fin prochaine d'une journée riche en émotions et en rencontres, qui nous a permis de retrouver le GR® 10 et le fil de notre aventure à travers les Pyrénées.

/// **PHOTO.**
Depuis la Ronde du Canigou, le pic éponyme se découvre dans toute sa majesté.

JOUR 31 21,4 km - 1 357 m D+ / 613 m D-

De Py
à la cabane de Bonne-Aigue

Les arêtes sommitales s'illuminent peu à peu, alors que le jour se lève avec douceur sur le village de Py, qui résonne du lointain chant d'un coq et du rire cristallin de la rivière qui court en contrebas. Il est presque 8 heures du matin lorsque Thibaut et moi nous apprêtons à prendre le chemin qui doit nous emmener aujourd'hui sur les reliefs abrupts du massif du Canigou.

Le GR® 10 déroule des lignes douces jusqu'au col de Jou, naviguant à vue au fil de pentes boisées et d'îlots de verdure, donnant à voir ici une végétation nouvelle depuis notre départ d'Hendaye et du Pays basque. Plantes et buissons confèrent à ces terres que l'on devine pourtant arides un air de Midi. Convoquant des images d'Épinal et le souvenir lointain des romans de Marcel Pagnol. Tantôt à l'ombre des hauts conifères, tantôt aérien et bordé de pierres dressées vers le ciel, le sentier s'élève peu à peu vers le Collet Verd, à quelques encablures du refuge de Mariailles, nous offrant ici les premières vues sur les flancs lunaires et taillés par la serpe des dieux du Canigou. Ce pic iconique des Pyrénées orientales trône majestueusement

/// **PHOTO.**
Dans un univers minéral et sauvage, nous progressons difficilement sur les pentes du Canigou.

/// **DOUBLE PHOTO.**
Du refuge de Mariailles à la cabane de Bonne-Aigue, le Canigou jette ses millions de roches sur le sentier.

sur la plaine du Roussillon comme un phare de pierre au milieu d'une mer immense. Le décor est grandiose avec des passages étroits, des enchevêtrements sans fin de blocs et de caillasses empilés ici depuis des siècles, à l'aplomb de falaises titanesques. Aux confins d'un univers minéral et silencieux, je m'imagine sans peine marcher à la surface d'une planète lointaine, que la foudre des siècles écoulés aurait burinée de son marteau en des millions de roches laissées ici, témoins d'une époque où la furie du monde s'élevait en une clameur sans fin.

"Aux confins d'un univers minéral et silencieux, je m'imagine sans peine marcher à la surface d'une planète lointaine."

Si ce spectacle est saisissant, la progression dans ce fatras est, quant à elle, laborieuse et pénible : chaque pas est mesuré, réfléchi, demandant une concentration de tous les instants pour ne pas sombrer dans les précipices qui bordent le sentier. À l'effort physique se mêle celui d'un mental soumis à l'épreuve du feu, dans ces millions de gravats résonnant parfois de sons sévères et menaçants sous le poids de nos pas. Hormis cette mélopée minérale, aucun son ne filtre alentour. Comme si, en dehors du lent mouvement de nos carcasses au-dessus de ces parois lunaires écrasées de soleil, la vie avait fui vers des contrées plus hospitalières. Pourtant, par instants, j'ai le sentiment d'être observé, sans pouvoir voir qui m'observe. Sentant finalement que nous ne sommes pas seuls sur ces chemins de pierre et que, parfois, la magie d'un lieu filtre de ces choses que nous ne pouvons voir.

C'est au terme d'une journée aussi exténuante que sublime que nous gagnons la cabane de Bonne-Aigue, refuge érigé par l'O.N.F. et la commune de Vernet-les-Bains. Une bâtisse de montagne accueillante et réconfortante, à l'attention des échoués du Canigou rejetés par les pierres sur cette plage d'altitude offrant un balcon incomparable sur la face nord du massif et la plaine s'étendant à ses pieds de granit. Nous y serons rejoints plus tard par Éric, vieux loup de mer aux anecdotes passionnantes, que nous avions croisé la veille au soir, à Py. D'autres compagnons de marche prendront leurs quartiers dans la cabane. S'ensuivra une soirée douce au souvenir, où nous regarderons le jour tirer sa révérence dans le lointain. Derrière ces montagnes où nous déambulions, quelques jours plus tôt.

/// **TRIPLE PHOTO.**
Aux dernières heures du jour, le massif du Canigou se pare de teintes et couleurs sans cesse renouvelées.

JOUR 32 19,8 km - 781 m D+ / 1074 m D-

De la cabane de Bonne-Aigue au refuge de Batera

/// **PHOTO.**
Vue depuis la cabane de Bonne-Aigue au petit matin.

Lentement, l'aube chasse les souvenirs d'une nuit des plus chaotiques. Résonne encore à mes oreilles le chant disgracieux des matelas gonflables crissant sur la peinture des paillasses en bois. Une symphonie dissonante qui ajoute à la fatigue accumulée par les journées de marche et les nuitées au repos précaire: Thibaut et moi en oublions momentanément le poids en posant nos regards encore lourds de sommeil sur ces paysages à perte de vue qui, peu à peu, s'illuminent et se teintent d'orange et de rouge.
Nous levons rapidement le camp, direction le refuge des Cortalets et la promesse d'un petit-déjeuner copieux et goûteux. Une courte mais intense montée sous les pentes du pic Joffre nous emmène au fil de nouveaux panoramas: la poésie se révèle ici à chaque instant, chantée avec douceur par les lumières d'un soleil qui semble vouloir retarder le moment où il brillera de ses mille feux. Afin de laisser la nature s'éveiller au chant mélodieux des oiseaux qui, cachés dans la végétation dense, égrainent des notes par dizaines, dans un mouvement joyeux et pur.
Nous arrivons parmi les premiers clients du jour au refuge. Servis comme des princes dans nos habits d'indigents modernes, avec des sourires bienvenus et des produits faits « maison » qui sont une joie véritable pour nos palais las des repas lyophilisés, nous faisons la connaissance de Valentin, qui nous rejoint sur la terrasse quelques minutes plus tard. Nous ne nous

/// **CI-DESSUS.** *Du refuge des Cortalets, vue sur la crête du Barbet qui mène au sommet du Canigou.*
/// **À GAUCHE.** *Une mer du nuages s'étend à perte de vue au matin sur la plaine du Roussillon.*

quitterons plus jusqu'à la fin de la journée. L'alchimie de la rencontre prend instantanément et nous repartons tous trois à l'assaut des sentes et chemins du GR® 10. Valentin est un jeune auvergnat, vif et insouciant, à la démarche souple et à la silhouette forgée par l'aventure. Mais il est aussi terriblement vieux de tant d'expériences vécues, que seule la vie offre à celles et ceux qui décident d'en épouser ses nombreux contours, sans concession.

/// **DOUBLE PHOTO.**
La rencontre avec Valentin fut l'une des plus inspirantes de cette aventure à travers les Pyrénées.

/// **PHOTO.**
Alors que nous nous apprêtons à basculer vers Batera, de nouvelles ambiances s'offrent au regard.

Il marche depuis Hendaye, d'une seule traite et sa compagnie est un baume pour les deux sauvages que Thibaut et moi sommes devenus, par la force de la pierre et de la terre. À la faveur des descentes et montées qui nous emmèneront jusqu'au col de la Cicère, nous marcherons tous trois côte à côte. Refaisant le monde dans les replats, s'épaulant silencieusement dans les moments où l'effort l'emportera sur la parole.

Le parfum d'une fin plus proche qu'elle ne l'a jamais été dépose ce soir ses notes florales sur notre traversée des Pyrénées.

Le passage au bas du pic de la Sant Pere et la bascule du col nous dévoilent des paysages encore différents, qui respirent ces ambiances méditerranéennes vers lesquelles nous marchons depuis de nombreux jours. Même s'il nous reste encore plusieurs étapes pour rejoindre Banyuls-sur-Mer, le parfum d'une fin plus proche qu'elle ne l'a jamais été dépose ce soir ses notes florales sur notre traversée des Pyrénées. Le coucher de soleil que nous regarderons depuis le refuge de Batera finira de nous plonger dans une excitation mêlée de mélancolie, de nous savoir si près du but. Si proches de l'épilogue.

JOUR 33 36,4 km - 1 292 m D+ / 1 675 m D-

Du refuge de Batera au col de l'Ullat

Nuit agitée, réveil difficile : la blessure sous-cutanée au doigt, que je tente de soigner depuis plusieurs jours, s'est infectée. Et malgré les soins que je lui dispense, mon doigt prend de plus en plus les teintes bistrées d'un panaris. Il va me falloir prendre dès aujourd'hui les choses définitivement en main afin d'éviter une infection plus sévère et que notre aventure, qui touche pourtant à sa fin, ne trouve son terme avant notre arrivée à Banyuls-sur-Mer.
Nous retrouvons Christian, sa femme et Camille, dans la salle à manger du refuge : nous y avons pris le dîner en leur agréable compagnie la veille au soir, dans une ambiance joviale et collégiale. Nous avalons notre petit-déjeuner et partons séance tenante vers Arles-sur-Tech : une longue descente nous attend pour atteindre le village avant la fin de matinée. Le soleil joue avec les buissons et arbustes bordant le chemin, donnant vie à des jeux d'ombres et de lumières sans cesse renouvelés. Nous survolons littéralement la sente, portés par un enthousiasme nouveau : peut-être est-ce la fin prochaine de l'aventure qui nous donne un tel allant, ajoutée à l'urgence médicale du moment. Pourtant, dans cette frénésie matinale des plus

/// **PHOTO.**
Au Coll de la Descarga, le soleil se lève enfin sur les panoramas encore endormis du Vallespir.

/// **DOUBLE PHOTO.**
Plongés dans la fournaise méridoniale, nous progressons dans une guarrigue broussailleuse.

agréables, le chemin m'emporte dans des émotions vives et profondes, tout en me réservant quelques surprises. Comme cette rencontre impromptue avec une biche et son faon à l'orée d'un bois, silhouettes fugaces s'échappant dans les futaies après m'avoir offert leur gracieuse présence.

Arrivés à Arles-sur-Tech bien avant nos pronostics les plus optimistes, nous nous déroutons momentanément vers les villes de Céret et Maureillas-las-Illas, afin que je puisse être correctement pris en charge et soigner mon doigt blessé.

La chaleur du début d'après-midi écrase déjà la plaine du Roussillon lorsque nous repartons à pied depuis Maureillas-las-Illas afin d'établir au plus vite la jonction avec le GR® 10. Le doigt dûment pansé, correctement désinfecté et nettoyé de son abcès, je file droit dans la montagne, porté par l'enthousiasme de pouvoir terminer cette aventure. Thibaut et moi remontons d'un pas élastique de la vallée vers les hauteurs à la faveur d'un sentier de pays qui, par les paysages de garrigue qu'il déploie sur notre passage, nous plonge dans des décors comme nous n'en avons jamais vus auparavant. Cette longue sente de terre aride et de cailloux, bordée par les sentinelles que forment les rangs de chênes-lièges, nous dépose sur le GR® 10 peu après le pic Calmeille. De là, sous les effluves d'une brise chauffée par le soleil haut dans un ciel sans nuage, nous devinons qu'un long chemin nous attend jusqu'à l'objectif du soir : la forêt du col de l'Ullat. Il est 15 heures au moment où nous rejoignons le GR® 10 : nous ne le savons pas encore mais 17 kilomètres de terre et de poussière nous attendent de pied ferme jusqu'à l'objectif du jour, que nous gagnerons à la nuit tombée.

/// **DOUBLE PHOTO.**
Les ruines romaines de Panissars et l'ancienne redoute dominent de leur histoire le village du Perthus.

Quelques encablures après le col del Priorat, une friche de paysages urbains et bruyants s'échappe des ruines romaines qui coiffent de leur antique présence le col du Perthus, lui-même dominé par l'orgueilleuse silhouette du fort de Bellegarde. Si nous comptions sur le passage au Perthus pour trouver un quelconque réconfort avant la montée finale vers Ullat, il n'en est rien : tous les commerces à proximité du GR® 10 sont fermés. Abrutis par le bruit assourdissant de l'autoroute enjambant le village, suffoquant dans les relents de gazole et d'essence, nous repartons en fin d'après-midi nous réfugier dans les monts qui sont devenus avec le temps, pour les ermites nomades que nous sommes désormais, un véritable sanctuaire.
Des quelque trois cents mètres d'altitude du Perthus, le GR® 10 s'élèvera avec douceur mais certitude vers les forêts du col de l'Ullat situées à près de 1 000 mètres d'altitude, par des pistes et chemins rocailleux, chantant imperceptiblement les charmes de la Méditerranée. Dans ses ambiances orangées, ses senteurs presque provençales et ses bosquets de chênes-lièges bravant les pentes arides du chemin. Au col de Ras, nous prendrons la route déserte serpentant en contrebas du sentier, la nuit tombante rendant inutilement dangereuse la montée vers le col à travers les bois.
Il est 21 h 30 lorsque nous dressons le camp à la lumière de nos frontales. Exténués mais heureux d'être ici, sous les fûts élancés des pins de la forêt des Albères qui tamisent de leurs bouquets d'aiguilles la clarté scintillante d'une lune à quelques jours de son apogée. Une ultime nuitée que nous passerons à l'abri de nos tentes, dans le cocon végétal formé par ces arbres centenaires.

JOUR 34 26,2 km - 938 m D+ / 1880 m D-

Du col de l'Ullat à Banyuls-sur-Mer

/// **PHOTO.**
Parvenus au Puig Neulós, nous profitons une dernière fois des panoramas ouatés du GR® 10.

Lentement, je me réveille aux lueurs d'une aube qui filtre timidement par le blanc de ma toile de tente. Au lieu de céder aux sirènes de la précipitation, je me surprends à vouloir prendre le temps, ce matin. À profiter de tous ces instants qu'il nous reste à vivre, après 34 jours de marche au pied des Pyrénées. Au même moment, j'entends Thibaut bouger dans sa tente : je le salue, il me répond de sa voix caverneuse mais amicale du matin. Il est des choses qui font désormais partie intégrante de l'histoire que nous avons écrite à deux, sur les chemins du GR® 10.

Alors que le jour se lève enfin de manière franche et que la perspective de rejoindre Banyuls-sur-Mer dans quelques heures auréole ces derniers préparatifs d'une excitation nouvelle, nous profitons de chaque geste, chaque moment, comme pour nous délecter pleinement de ce que nous avons fait chaque jour un peu machinalement, jusque-là. Ces bribes de temps que nous ne revivrons plus, à l'ombre de ces sentiers pyrénéens. Pourtant, il nous faut partir vers ces rivages méditerranéens, vers ce terme que l'on appelle de nos vœux depuis plus d'un an.

Les sacs à dos jetés sur l'épaule, nous montons vers le Puig Neulós, l'espoir vissé au corps de pouvoir y découvrir à son sommet les reflets bleutés de la mer. La désillusion est immense, à la mesure de l'énergie que nous avons engagée dans cette dernière grande ascension de la traversée : le piton est coiffé d'antennes-relais qui, en plus de dénaturer l'endroit, salissent le panorama. Déçus, nous repartons vaillamment à l'assaut des 20 kilomètres qu'il nous reste à parcourir jusqu'au ressac de la mer sur les galets. Nos corps sentent-ils eux aussi l'épilogue qui se profile à l'horizon de la journée ? Des douleurs jusque-là inconnues font leur apparition, à mesure que la tension baisse et que l'arrivée se dessine. J'aime songer que ces

/// **DOUBLE PAGE SUIVANTE.**
Une ultime journée marquée par la contemplation et la nostalgie d'une aventure qui touche à sa fin.

menues souffrances témoignent peut-être d'un corps et d'un esprit enfin à l'unisson, dans la décélération tant attendue d'un effort parfois surhumain, donné sans compter sur des montagnes hautes comme des forteresses imprenables. La fatigue s'ajoute au fil des kilomètres, en plus des douleurs que mon corps se décide enfin à clamer, dans cet élan de délivrance. Je sais qu'il en est de même pour Thibaut qui, dans mon sillage, marche également le visage fermé.

Pourtant, malgré cela, rien ne semble pouvoir nous stopper dans notre longue et éprouvante descente vers Banyuls-sur-Mer. Ni les milliers de roches broyées, enchevêtrées sur le sentier. Ni la cheville de Thibaut qui lui fait soudainement défaut, peu après le Puig Salfort. D'autant plus que dans le lointain, la Méditerranée apparaît enfin. L'émotion est de nouveau intense, comme une lame de fond. La fatigue accentue ces déferlements soudains qui secouent l'âme, comme des flots tumultueux une nuit de tempête.

Si la cité demeure encore impalpable, posée au loin sur le fil du trait de côte, tout mon être sait, désormais, que c'est aujourd'hui la fin, la vraie. L'aboutissement d'un rêve né 14 ans plus tôt, sur ces sentiers du GR® 10 au Pays basque, alors que je découvrais la magie des itinérances au long cours. Et que je balbutiais des envies de grandeurs. De partir loin, dans l'antre de ces montagnes et de les connaître intimement. C'est le grand jour. Celui de l'accomplissement. Je sens chaque fibre de mon être tendre vers le dénouement. Comme si chaque respiration me rapprochait enfin d'une version de moi-même qui m'attend déjà là-bas. Au bord de la mer.

Après de longues heures de marche parmi la caillasse et les éboulis, nos pieds foulant les derniers vestiges des hautes murailles des Pyrénées orientales, nous gagnons les faubourgs de la ville. Les émotions sont là, tapies,

prêtes à surgir sans artifice. Dans la mélodie de tous ces sons urbains que nous avions presque oubliés, nous marchons en silence. Traversant ces espaces sonores sans même les remarquer. Mon corps entier tend vers la mer, l'appelle dans un cri viscéral. Hurle de ne pouvoir encore poser le regard dans les reflets translucides des eaux de la Méditerranée. Nous traversons ainsi Banyuls-sur-Mer tels deux fantômes, seulement présents à leur propre lumière. Jusqu'à cette rue étroite qui, je le sais déjà sans même m'en rendre compte, va nous mener au front de mer. Des larmes silencieuses perlent à mes yeux écrasés de fatigue et coulent lentement sur mes joues : je ne sais si elles toucheront ce sol que je foule sans réellement le sentir. Et si elles conteront, pour qui s'arrêterait afin d'écouter leur histoire, la beauté profonde et la richesse infinie de cette aventure dont nous écrivons l'épilogue en ce moment même.
Nous rejoignons enfin le bord de mer, dans l'indifférence totale de ceux dont ces paysages sont le panorama quotidien. Le théâtre de leur vie. Pourtant, aujourd'hui, en ce 29 septembre 2023, parmi les marcheurs couverts de poussière qui toucheront avec émotion la célèbre mosaïque symbolisant la fin de la Traversée des Pyrénées, qui laisseront leurs doigts courir enfin sur la crête des ondes s'échouant sur la grève, il y aura deux hommes, sales, éreintés mais irradiants. Désormais unis à jamais par les liens indéfectibles d'une ode puissante : celle de la montagne, de l'océan et de la mer. Et du chemin qui, sur plus de 800 kilomètres, sert de lien aux hommes, à la Nature et aux éléments, dans une histoire sans cesse renouvelée. Et unique à chacun.

/// **PHOTOS.**
L'aurore sur la Méditerranée : un moment empli d'émotions, attendu depuis le départ de Hendaye.

Annexes

Préparation / Matériel / Conseils / Bibliographie / Playlist

Préparation

La préparation d'une aventure comme la traversée des Pyrénées est propre à chacun(e) : beaucoup la préparent longtemps à l'avance, conscients du défi sportif et humain qu'exige une telle expédition. D'autres l'abordent avec plus de légèreté et d'insouciance, confiant en leurs capacités et potentiel.

Préparation physique

Nous avons choisi d'entamer notre préparation physique plusieurs mois à l'avance, en l'articulant autour de trois axes principaux :
• la course à pied (pour le cardio, le travail de fond et tonifier le bas du corps),
• le vélo (pour le travail de fond, muscler les jambes et travailler le haut du corps),
• la marche, avec ou sans sac à dos (pour travailler le port de charges et l'endurance).

L'anticipation

Nous avons très tôt été dans la projection et l'anticipation de certains écueils. Nous avons, par exemple, effectué en amont des randonnées d'étalonnage sur des étapes hors GR®, avec des profils d'étapes similaires à ceux des journées difficiles du GR® 10 : distance de 25 à 30 kilomètres, avec plus de 1 200 mètres de dénivelé positif (idem pour le négatif), parcours accidenté ou linéaire, port de charge avec le sac à dos du GR® 10 rempli à 80 % de sa charge prévue. Cela afin de pouvoir à la fois tester le matériel en conditions réelles ainsi que les hommes, au plus près de ce que cette aventure allait nous faire vivre et éprouver.
Cela nous a permis d'aborder plus sereinement le véritable départ sur la Traversée des Pyrénées, en ayant minimisé les mauvaises surprises dues à une préparation trop légère.

La cartographie

Le travail de préparation et de projection est également passé pour nous par la cartographie. Chaque tronçon était minutieusement préparé en amont, avec la création d'une trace GPS la plus fournie possible, indiquant à la fois :
• le point de départ et le point d'arrivée de chaque journée,
• le dénivelé positif et négatif par étape,
• les différents points d'eau et leur type (source, fontaine, ruisseau, lac, etc.),
• les cabanes et refuges, avec un court descriptif (cabane ouverte ou fermée, en bon état, nombre de couchages, etc.), nous permettant ainsi de nous abriter en cas de coup dur (tempête, orages, etc.) ou de changement de programme,
• les aires de pique-nique, qui sont parfois tout aussi agréables qu'un camping pour dresser le camp en vallée, le soir venu, comme au pont du Goua,
• les commerces, épiceries, distributeurs de billets et autres boulangeries et supérettes, pour pouvoir organiser le ravitaillement.
Cela nous permettait de ne pas avoir à embarquer les topo-guides de la Fédération française de randonnée (utiles pour notre préparation, mais lourds) ou des cartes papier, tout en ayant à disposition l'essentiel des informations nécessaires et indispensables. Qui plus est lorsque nous n'avions pas de réseau, ce qui fut souvent le cas.

La lecture et les vidéos

Nous avons lu quantité de récits et d'articles à propos de la Traversée des Pyrénées, afin de prendre dans ces textes tirés d'une expérience vécue réelle des éléments nous permettant d'entrevoir plus précisément ce que demanderait de nous cette épopée. De même, nous avons visionné une certaine quantité de vidéos et vlogs à propos de cette aventure afin de collecter les impressions et ressentis de ceux qui ont traversé les Pyrénées avant nous.

Matériel

Se lancer dans la Traversée des Pyrénées à pied suppose une préparation et un choix minutieux du matériel à emporter sur une telle expédition. Afin de pouvoir évoluer dans les meilleures conditions qui soient, avec un sac à dos le plus léger possible, un matériel fiable, confortable et sécurisant et de quoi faire face sereinement au maximum de situations (canicule, tempête, orages, neige, etc.).

Portage

Nous avons porté des sacs oscillant entre 15 et 18 kilos, en comptant le matériel photo, l'eau et la nourriture, en plus de tout le reste du matériel.
Choisir des sacs à dos robustes, fonctionnels et confortables sur le long terme faisait partie de nos exigences premières (un OSPREY Aether 55 litres pour Damien et un DEUTER Futura Air trek 60 litres + 10 pour Thibaut, ainsi que deux OSPREY Kestrel 38 litres, pour les tronçons en ultralight).
Pour compenser le poids du sac, soulager le corps au niveau du portage et sécuriser la marche dans des passages difficiles, nous avions chacun une paire de bâtons de randonnée FORCLAZ MT500.

Bivouac et campement

Le plus souvent, les journées en montagne sont longues, éprouvantes et pleines de surprise. Il était important pour nous de pouvoir nous appuyer sur du matériel fiable, résistant et facile à mettre en place une fois parvenus au camp.
Nous avons donc porté nos choix sur des tentes de trekking ultra-légères (NATUREHIKE Cloud Up 2 10D et NEMO Hornet 2P), des matelas gonflables légers et confortables (FORCLAZ MT500 Air XL et SEA TO SUMMIT Ether Light XT Insulated) et des sacs de couchage en duvet (LESTRA Aporia Light et FORCLAZ Trek 900 0°).

Vêtements & équipements

Il était important pour nous de réduire au maximum la voilure en termes de vêtements : nous avons donc opté pour une configuration minimale, basée sur des vêtements techniques polyvalents et performants de la gamme mérinos de FORCLAZ, idéaux en termes de protection contre le froid, la pluie, les frottements et irritations, les mauvaises odeurs, etc.
Nous avons retenu des chaussures à tige haute et à semelle plate, qui tiennent bien la cheville mais permettent d'avoir une foulée rapide (ADIDAS Terrex Folgian Mid GTX, puis COLUMBIA Facet 75 Mid Outdry pour Damien et ADIDAS Terrex Trailmaker Mid, puis The North Face Vectiv Exploris 2 Mid Futurelight pour Thibaut).
Nous avions également tout le matériel de pluie (vestes, pantalons et gants imperméables), ainsi que des raquettes à neige légères et rapides EVVO Toree.
Nous étions par ailleurs équipés de paires de lunettes de soleil IZIPIZI Zenith et Glacier pour protéger nos yeux les jours de forte luminosité.

Photographie

Nous sommes partis avec deux boitiers hybrides FUJIFILM, un X-T4 et un X-T3 (puis un X-T5), pour leur excellent rapport qualité/poids, leurs capteurs APS-C polyvalents, la gestion naturelle des couleurs des boitiers FUJIFILM et aussi, leur encombrement réduit comparé à des appareils plein format. Ajouté à cela, le prêt par SIGMA d'une triplette de focales fixes (16 mm, 30 mm et 56 mm) de très grande qualité, deux objectifs TAMRON 17-70 mm f/2.8, deux téléobjectifs FUJIFILM 70-300 mm f/4-5.6 et un 55-200 mm f/3.5-4.8. Avec un drone DJI Air 2S en sus, des microphones de captation sonore Lewitt Audio LCT 140 Air et tous les accessoires, nous embarquions plus de 5 kilos de matériel chacun.

01

02

/// **01.** *Les rations de survie lyophilisées de MX3.* /// **02.** *Les raquettes à neige EVVO Snowshoes.* /// **03.** *La tente Naturehike Cloud Up 2 10D sous la voie lactée.* /// **04.** *Thibaut et ses lunettes IZIPIZI Glacier.* /// **05.** *Nos flasques filtrantes Katadyn BeFree 1L.* /// **06.** *La focale fixe SIGMA 30mm f/1.4 DC DN Contemporary.* // **07.** *La montre outdoor Suunto 9 Peak et un papillon des montagnes.*

Hydratation et alimentation

Afin de nous alléger le plus possible, nous avons également fait le choix des repas lyophilisés de la marque française MX3, qui nous a soutenue tout au long de l'aventure. Un minimum de 2 litres d'eau par poche à eau HYDRAPAK était requis au départ de chaque étape, auquel nous venions ajouter un troisième litre, les jours de canicule, via nos gourdes filtrantes KATADYN BeFree, qui nous ont été d'un grand secours tout au long de la traversée.

Hygiène

En ce qui concerne l'hygiène et les soins, nous avons là aussi privilégié l'efficacité et le meilleur ratio poids/encombrement, tout en faisant attention à utiliser des produits naturels ou non-impactants pour les écosystèmes.
Ainsi, nous avions un savon biologique PHARMAVOYAGE 4 en 1 (gel douche, shampoing, produit vaisselle et lessive), garanti non toxique pour les milieux aquatiques.

Trousse de secours

Indispensable sur une telle aventure en autonomie, notre trousse de secours était réduite à l'essentiel, mais un essentiel conséquent. Elle contenait des pansements en nombre, un bandage en cas d'entorse ou de foulure, des pansements pour ampoules, des lingettes désinfectantes pour les plaies, du calendula pour les irritations, des anti-douleurs légers, des compresses et de quoi parer aux éventualités autres qu'une blessure grave. Nous avions également une couverture de survie chacun.

Pour consulter l'ensemble de notre matériel embarqué sur cette aventure, scannez le QR code ci-dessous.

/// **PHOTO.**
Le lac des Bouillouses.

Itinérance et photographie

Aborder une itinérance au long cours avec la volonté d'en rapporter un reportage photographique est un défi passionnant mais exigeant : à la difficulté d'un tel défi et d'un tel challenge sportif viennent s'ajouter diverses inconnues, des paramètres que vous ne pouvez pas forcément anticiper et qui font de cette aventure photographique une expérience de vie exceptionnelle dans le parcours d'un photographe, qu'il soit amateur ou professionnel.

Le choix du matériel

Hybride ou compact expert ? Un seul objectif polyvalent ou plusieurs ? Quel type de drone ? Combien de batteries de rechange ? Autant de questions qui nous sont venues à l'esprit lorsque nous avons préparé nos sacs à dos pour cette traversée des Pyrénées à pied. La réponse parfaite n'existe pas : pour un tel périple, la meilleure configuration demeure celle qui est idéale pour vous.
Nous avons personnellement opté pour des boîtiers hybrides, moins encombrants et plus légers que des Reflex, tout en restant plus qualitatifs et polyvalents que des compacts, même experts. Nous avons fait le choix de partir avec plusieurs objectifs que nous avons mutualisés en fonction des focales et possibilités. Ainsi qu'un drone pour deux. Cette configuration était à nos yeux polyvalente et qualitative et nous permettait de répondre au plus grand nombre de besoins photographiques inhérents à ce type d'aventure (paysage, portrait, faune et flore, etc.). L'objectif principal était de rapporter des photographies fidèles à la beauté de ce que nous allions voir en chemin, des paysages magnifiques que nous allions traverser, des émotions que nous allions y ressentir.

L'itinérance photographique

Créer une série photographique sur une itinérance au long cours est synonyme de contraintes techniques nouvelles et inhérentes à ce type de projet. Vous serez rarement au bon endroit, au bon moment : hormis les premières et dernières heures du jour propices à la photographie avec leurs lumières chatoyantes, il vous faudra ramener de la matière photographique tout au long de la journée de marche, y compris dans des conditions lumineuses parfois désastreuses : soleil brut et blanc, pluie continue, brume tenace et opaque, etc. Pourtant, au fil des jours, un pli se prend naturellement : l'aventure devient indissociable du reportage et alors, le champ des possibles s'ouvre, au moment où l'on comprend que l'on n'est pas ici pour réaliser des photographies époustouflantes à chaque déclenchement, mais que l'on marche pour conter une histoire par la photographie. Pour partager la beauté d'une aventure hors du commun, avec tout ce qu'elle apporte dans le fil qu'elle déroule, jour après jour.
À ce moment-là uniquement, en suivant ce fil rouge, on ne fait plus de photographie pour soi, mais pour conter et transmettre : c'est là que réside l'une des clés d'un reportage réussi sur une longue itinérance.

La technique photographique

Il va de soi que certaines bases de la photographie, notamment en termes de réglages d'exposition, de profondeur de champ et surtout, de composition, sont indispensables pour mener à bien un tel projet. Néanmoins, la composante principale reste la créativité de chacun(e) et la faculté de s'immiscer dans la magie du quotidien dans les Pyrénées. Même quand les sommets sont pris par la brume et les nuages, même quand le soleil étouffe les vallées et écrase les cimes. Il suffit parfois de regarder un paysage différemment pour déceler la beauté d'un détail, d'une scène, d'une silhouette au loin et ainsi, prendre la photographie que l'on n'aurait jamais imaginé immortaliser, une minute plus tôt.

Ressentir

Enfin, peut-être le point le plus important : ressentir est indispensable pour se fondre dans l'aventure, ses paysages, ses rencontres, ses hauts et ses bas et vivre le plus intensément possible ce qu'elle offre au randonneur au long cours. Puiser dans cette beauté l'inspiration nécessaire pour conter une véritable histoire et la transmettre pour donner à d'autres l'envie de la vivre à leur tour.

La traversée des Pyrénées au jour le jour

La traversée des Pyrénées est une aventure magnifique, haute en couleurs et grandiose. Chaque jour révèle des paysages à couper le souffle, une nature renversante, des rencontres bouleversantes. Pourtant, le GR® 10 est sûrement l'un des treks les plus exigeants de France, cumulant 800 à 900 kilomètres de distance totale, selon les variantes, et 46 000 à 52 000 mètres de dénivelés cumulés.

L'esprit même de la traversée – au contraire de la HRP (Haute Route Pyrénéenne) – fait que le sentier alterne presque quotidiennement la montée aux sommets et la descente au creux des vallées. Afin de faciliter le ravitaillement, mais aussi de permettre de découvrir à la fois la beauté des paysages et écosystèmes pyrénéens, d'un côté, et la vie à la montagne, de l'autre. Par la traversée des villages et de leurs architectures typiques, par la découverte du pastoralisme, par la rencontre de celles et ceux qui font la vie de ces montagnes…

Néanmoins, traverser chaque jour les vallées et grimper à leurs sommets, dormir en pleine nature, manger à sa faim sans porter trop de nourriture, trouver de l'eau lors des périodes de fortes chaleurs, tout cela demande une certaine organisation et impose un effort physique important, ne serait-ce que par les dénivelés quotidiens accumulés.

Nous avons donc compilé quelques modestes conseils, issus de notre propre expérience : il est probable qu'ils ne fassent pas écho à votre propre aventure mais ils pourraient soulever des écueils auxquels vous n'aviez peut-être pas songé.

Écouter son corps

C'est peut-être le seul conseil valable que quelqu'un puisse vous donner : écouter notre corps fut l'une des règles d'or de ce GR® 10.

Votre corps sait. Ce qui est bon pour vous. Ce qui l'est moins et où sont ses limites.

Nous avons malheureusement croisé quelques randonneurs au long cours qui, malgré un mental à toute épreuve, ont été parfois obligés d'abandonner ou mettre entre parenthèses leur traversée, leurs corps les ayant trahis. Pourtant, en échangeant avec eux plus longuement, nous nous sommes rendu compte que ce même corps leur avait au préalable envoyé maints signaux d'alarme, que des journées de repos – ou allégées en termes d'effort et de difficulté – auraient peut-être réussi à apaiser.

De l'écoute, donc. Mais également certaines routines (yoga, étirements, méditation, sophrologie, etc.) qui peuvent alléger la fatigue cumulée par les journées de marche répétées. De larges plages de repos, également : gagner le lieu de bivouac ou le refuge tard le soir puis démarrer sa journée tôt le lendemain ne permet pas forcément au corps de compenser la charge d'efforts consentie. Il est donc important de savoir s'arrêter tôt, pour mieux repartir le lendemain.

Il reste primordial de garder à l'esprit que la traversée des Pyrénées via le GR® 10 est une épreuve physique exigeante et difficile, dont certaines étapes peuvent cumuler de longues distances et des dénivelés conséquents. Néanmoins, il semble important de faire en sorte que cette aventure reste avant tout un plaisir, malgré les efforts quotidiens qu'elle demande. Et que dans l'effort, chacun puisse trouver sa voie.

La nourriture

Avoir une bonne nutrition au fil de la traversée peut aider à maintenir un seuil de forme optimal et réduire quelque peu les effets de la fatigue. Chacun(e) ayant ses propres habitudes alimentaires et données métaboliques, et la thématique de la nutrition sportive étant pointue, il serait ardu pour nous de délivrer ici des conseils adaptés à toutes et tous.

En ce qui nous concerne, nous avons privilégié certains grands axes.
Nous avons :
• évité les gros repas durant l'effort et préféré de petits encas (mélanges de fruits secs, fruits à coque, barres de céréales adaptées aux longs efforts, fromage, charcuterie de montagne, chocolat noir, etc.) durant les journées de marche,
• veillé à une bonne hydratation (entre 4 et 5 litres sur les journées normales et 8 à 9 litres lors des canicules),
• privilégié des repas lyophilisés le soir au camp, autant pour leur excellent ratio poids / apport énergétique que par la variété de saveurs que cela nous offrait,
• pensé à nous offrir de petits plaisirs gustatifs au fil de la traversée afin de contenter le corps et l'esprit.

L'eau

L'eau est une source vitale en randonnée. Sur le GR® 10, il est donc essentiel de soigneusement planifier son approvisionnement. Bien s'hydrater tout au long de la journée est primordial pour la santé et la vitalité sur les sentiers. Équipé(e) d'une poche à eau de deux litres et d'une gourde filtrante d'un litre, vous pourrez vous ravitailler en eau potable tout au long de votre étape. Cependant, repérer à l'avance les différents points d'eau sur une carte est important, car certaines étapes peuvent s'avérer plus arides que d'autres. Vous allez être surpris(e) par la quantité d'eau dont vous aurez besoin pour boucler une étape : en pleine canicule, il nous est arrivé de boire jusqu'à 9 litres sans pour autant arriver à étancher notre soif.
Vous aurez également besoin d'eau pour cuisiner et vous laver. Il est donc préférable de dresser votre camp près d'une source ou d'un lac.

Le ravitaillement

Le tracé du GR® 10 traversant très souvent des villages de montagne et même des villes, il est relativement facile de trouver de quoi se ravitailler et manger à sa faim.
Faites attention cela dit aux horaires et jours d'ouverture des épiceries et supérettes de village, afin de ne pas trouver portes closes à votre arrivée. Les topoguides de la FFRandonnée et internet seront de précieux alliés pour vous aider à compiler ces informations.

Le bivouac, les cabanes et refuges

Le bivouac est toléré sur une majeure partie des Pyrénées, hormis des zones précises où il est interdit (notamment dans le Parc national des Pyrénées) et dans les zones privées. Une seule règle d'or s'applique : veillez impérativement à laisser l'endroit aussi propre que lorsque vous y êtes arrivé(e).
Les cabanes sont nombreuses au fil de la traversée, mais certaines sont fermées ou occupées par les bergers, en période d'estive : de nombreux sites web vous permettront de collecter toutes les informations préalables, avant de partir à l'aventure. Quant aux refuges, presque tous disposent d'un site internet ou d'un numéro de téléphone où joindre le gardien : pensez néanmoins à réserver vos places durant la période estivale, certains d'entre eux étant particulièrement demandés.

Playlist

Élément intimement rattaché à notre aventure au fil des Pyrénées, la musique a bercé notre traversée. Elle a été là dans les moments difficiles, dans ceux qui venaient ponctuer une journée de marche, dans les instants où revenir à soi devenait une intime nécessité. Elle a également marqué de son sceau des instants d'amitié, partagés autour d'un feu, d'un repas chaud ou d'une discussion à bâtons rompus. Sur l'aventure, la vie et tout ce qui existe entre les deux. Nous vous partageons donc les playlists de ces musiques qui nous ont accompagnés. 34 musiques, comme autant de journées que nous avons passées à marcher au fil des Pyrénées.

1. **RADIOHEAD** *You and whose army*
2. **JUNIP** *Line of fire*
3. **KEVIN MORBY** *Singing saw*
4. **OTZEKI** *Sun is rising*
5. **BEN HOWARD** *Small things*
6. **EZ3KIEL** *Antiloop*
7. **GUILLAUME PONCELET** *Souls*
8. **THYLACINE** *Santa Barbara*
9. **JEAN-MICHEL BLAIS** *Roses*
10. **ALL THEM WITCHES** *When God comes back*
11. **AIR** *Electronic performers*
12. **ARCHIVE** *Pills*
13. **VILLAGERS** *Everything I am is yours*
14. **ALT-J** *Intro*
15. **MODERAT** *A new error*
16. **AGNES OBEL** *Riverside*
17. **ANE BRUN** *All my tears*
18. **WOODKID** *Goliath*
19. **HHYMN** *Not before I go*
20. **HANS ZIMMER** *Time*
21. **THE KILLS** *Fried my little brains*
22. **BLACKBIRD HILL** *Smoke and mirrors*
23. **DAUGHTER** *Made of stone*
24. **AU4** *So just hang on, beautiful one*
25. **THE NATIONAL** *Eucalyptus*
26. **NAO** *The evol*
27. **SUPERPOZE** *Parabel*
28. **CROSSES** *The epilogue*
29. **FOALS** *Spanish Sahara*
30. **EDDIE VEDDER** *Long nights*
31. **OLAFUR ARNALDS** *Near light*
32. **JOSE GONZALEZ** *Step out*
33. **THE BLAZE** *Territory*
34. **PUSCIFER** *Horizons*

Vous pouvez écouter cette playlist en scannant le QR-code ci-dessous.

Bibliographie & ressources

Topoguides

Incontournables dans la phase de préparation de la Traversée des Pyrénées, les topoguides de la Fédération française de randonnée pédestre sont une véritable mine d'informations, qui pourront vous permettre de mieux entrevoir les contours de votre aventure.

La Traversée des Pyrénées Pyrénées Occidentales - GR® 10
ISBN : 9782751412486

La Traversée des Pyrénées Pyrénées Centrales - GR® 10
ISBN : 9782751411779

La Traversée des Pyrénées Pyrénées Ariégeoises - GR® 10
ISBN : 9782751411342

La Traversée des Pyrénées Pyrénées Orientales - GR® 10
ISBN : 9782751412431

Récits d'aventure

Il n'existe pas forcément beaucoup d'ouvrages et de récits publiés sur la Traversée des Pyrénées mais certains d'entre eux pourront vous aider à avoir une meilleure idée de cette expédition dans les montagnes. Peut-être vous aideront-ils à mieux préparer la vôtre, en découvrant la magie des Pyrénées sous la plume de celles et ceux qui les ont déjà parcourues.

Christophe Houdaille, *Pyrénées, la grande traversée*, éd. Transboréal
Mathieu Bobin, *De l'océan à la mer : une traversée des Pyrénées à pied par le GR10*

Magazine

Pour aller plus loin et découvrir les Pyrénées au plus proche de ce qu'elles sont vraiment, nous vous conseillons l'excellent *Pyrénées Magazine* : préparé par une équipe de passionnés, dont Patrice Teisseire-Dufour et Florence Garès, cet ouvrage vous emmène tous les deux mois à la découverte des Pyrénées autrement, par des reportages sur la nature pyrénéenne et ceux qui en font le quotidien et la vie.

Sites web

Véritable mine d'or pour qui cherche des informations à propos du GR® 10, le web regorge de sites informatifs des plus sérieux, animés par des équipes de passionnés de cette Traversée des Pyrénées. Le plus notable d'entre eux reste le site GR10.org, animé par l'Association des Amis GRdistes. Vous y trouverez quantité d'informations sur la traversée (étapes, graphiques, liste des hébergements, conseils pratiques, dossiers de préparation, récits, etc.) qui vous permettront de vous projeter dans votre propre aventure. Pour plus d'informations : https://gr10.org

L’esprit GR®10

Le GR® 10, qui s’étend sur 415 km à vol d’oiseau de l’Atlantique à Méditerranée, ne s’est pas créé en un jour. Son histoire débute en 1807, lorsque le botaniste Augustin-Pyramus de Candolle réussit l’exploit de traverser d’est en ouest les Pyrénées. Dans les années 1960, l’engouement pour la randonnée voit naître l’idée d’un véritable sentier de grande randonnée. La création du GR® 10 répond à l’initiative de Jean Loiseau, créateur en 1947 du Comité national des sentiers de grande randonnée (CNSGR), précurseur de la FFRandonnée.

Il aura fallu quinze années de labeur à nos bénévoles pour ouvrir, repérer, tracer et baliser l’ensemble du GR® 10. Totalement balisé en 1979, il traverse des paysages variés, des collines basques aux sommets enneigés, côtoyant toujours de près les versants espagnols. Les 900 km de marche séparant Hendaye de Banyuls-sur-Mer offrent une diversité géographique, climatique et faunistique remarquable et emblématique. Entre habitats montagnards, vestiges historiques et thermes Belle Époque, le sentier témoigne de l’occupation humaine le long de cette frontière naturelle. Aujourd’hui bien connu du monde de la randonnée, le GR® 10 fait partie des sentiers de grande randonnée les plus emblématiques et réputés du territoire français.

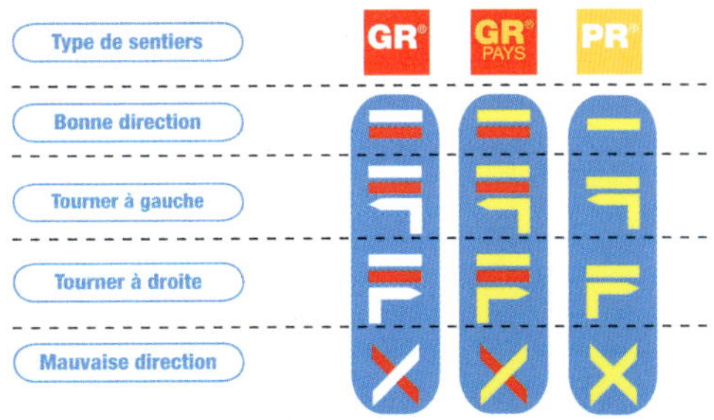

Le travail des bénévoles sur le balisage de cet itinéraire

L'engagement désintéressé des bénévoles de la FFRandonnée est fondamental pour maintenir la qualité, la sécurité et l'accessibilité des sentiers de grande randonnée en France comme le GR® 10. Lors de la création d'un itinéraire, les bénévoles étudient le terrain, déterminent l'itinéraire optimal, identifient les points d'intérêt et balisent le chemin. Une fois le sentier balisé, les bénévoles continuent d'y travailler en veillant à ce que chaque balise reste visible et cohérente.

Le travail d'entretien et de maintenance des sentiers s'exerce en collaboration avec les collectivités locales pour garantir une intégration harmonieuse des itinéraires dans leur environnement : en effet, la fédération joue un rôle actif dans la protection des espaces naturels traversés par les sentiers et s'engage dans des pratiques de gestion durable pour minimiser l'impact environnemental de la randonnée.

Les outils mis à disposition pour randonner

Afin de préparer leur GR® 10 dans les meilleures conditions possibles, la fédération propose aux randonneurs des outils papier et digitaux :

– Quatre topoguides (guides complets et détaillés de l'itinéraire) décrivent l'intégralité du parcours. En complément de la description de l'itinéraire, ces guides incluent également la carte IGN Top 25 du parcours, les informations pratiques comme l'hébergement et les commerces ainsi que les points d'intérêts de l'itinéraire.

– Le site MonGR.fr propose un outil cartographique en ligne pour préparer son itinéraire au préalable : sélectionner ses étapes, mesurer leurs profils, réserver ses hébergements, extraire le parcours au format GPX notamment.

Enfin, l'application « MaRando » propose gratuitement une offre riche de plus de 7 500 parcours de randonnée partout en France, dont certaines portions du GR® 10. Elle permet entre autres le guidage GPS, la consultation hors ligne, le téléchargement PDF et GPX ainsi que la création de sa propre communauté.

Pour résumer, la FFRandonnée vous accompagne sur le GR® 10 de la préparation de votre itinéraire à son aboutissement !

FFRandonnée

www.ffrandonnee.fr

Table des matières

Toutes les photographies sont des auteurs, excepté : p.80 © Jean-Marc Barrère / hemis.fr, p. 158 © FFRandonnée et p. 159 Jean-Emmanuel Tessier

En couverture : la face nord du pic du Midi d'Ossau.

Mise en pages, prépresse et fabrication : Glénat Production

MIXTE
Papier | Pour une gestion forestière responsable
FSC® C018236

Couvent Sainte-Cécile
37, rue Servan - 38000 Grenoble
www.glenat.com

Dépôt légal : mars 2024
ISBN : 978-2-344-05549-6

Achevé d'imprimer en Pologne en mars 2024 chez Dimograf, sur papier provenant de forêts gérées de manière durable.